복 있는 사람

오직 여호와의 율법을 즐거워하여 그 율법을 주야로 묵상하는 자로다.
저는 시냇가에 심은 나무가 시절을 좇아 과실을 맺으며 그 잎사귀가
마르지 아니함 같으니 그 행사가 다 형통하리로다.   (시편 1:2-3)

예수님처럼

Max Lucado

JUST LIKE JESUS

예수님처럼

맥스 루카도 지음 | 윤종석 옮김

복 있는 사람

예수님처럼

1999년 12월 8일 1판 1쇄 발행
2000년 1월 8일 1판 2쇄 발행
2000년 1월 12일 2판 1쇄 발행
2003년 4월 15일 2판 29쇄 발행
2003년 7월 3일 3판 1쇄 발행
2025년 1월 24일 3판 86쇄 발행

지은이 맥스 루카도
옮긴이 윤종석
펴낸이 박종현

(주) 복 있는 사람
서울특별시 마포구 연남동 246-21 (성미산로 23길 26-6)
Tel 723-7183 (편집), 723-7734 (영업·마케팅) | Fax 723-7184
hismessage@naver.com
등록 1998년 1월 19일 제1-2280호

ISBN 979-11-7083-112-9 03230

JUST LIKE JESUS
by Max Lucado

하나님이 불의치 아니하사 너희 행위와

그의 이름을 위하여 나타낸 사랑으로 이미 성도를 섬긴 것을…

잊어버리지 아니하시느니라.

히브리서 6:10

차례

친구에게

내 서재가 달라졌다. 몇 달 전만 해도 벽이 흰색이었다. 지금은 녹색이다. 전에는 창문에 커튼이 드리워져 있었다. 지금은 발이 처져 있다. 바닥 카펫도 황갈색이었으나 지금은 흰색으로 바뀌었다. 솔직히 나는 황갈색 카펫에 전혀 불만이 없다. 나한테는 괜찮았다. 흰색 벽과 커튼도 아무 문제없었다. 내가 보기에 서재는 그대로 훌륭했다.

그러나 아내가 보기에는 달랐다. 데닐린은 실내장식을 좋아한다. 더 정확히 말해, 실내장식을 하지 않고는 못 배긴다. 화가가 캔버스를 그냥 둘 수 없고 뮤지션이 악보를 그냥 둘 수 없듯이 아내는 집 안을 바꾸지 않고는 그냥 두지 못한다.

다행히 실내장식은 우리의 소유에 국한된다. 호텔 방의 가구를 옮겨 놓거나 친구 집의 액자를 옮겨 단 일은 없다. (유혹을 느낀 적은 있지만.) 아내의 꾸미기 벽(癖)은 우리 집에만 해당된다. 그러나 일단 우리 것은 반드시 개조해야 한다. 데닐린은 집을 소유하는 것으로 양이 안 찬다. 반드시 내부를 바꿔야 한다.

나는 집이 있는 것으로 족하다. 내 취향은 그보다 덜 세련됐다. 나에게 있어 의자와 냉장고는 실내장식 시상(施賞)과는 거리가 멀다. 나한테 정말 힘든 일은 집을 장만하는 것이다. 일단 거래가 끝나 집이 생기면 들어가 편히 살면 그만이다.

데날린은 아니다. 계약서에 잉크가 마르기도 전에 들어가 장식부터 해야 한다. 아내의 이런 성미는 아버지한테서 물려받은 것이 아닌가 생각된다. 하늘 아버지 말이다. 데날린이 집을 보는 시각, 그것이 바로 하나님이 한 인생을 보시는 시각이다.

하나님도 실내장식을 좋아하신다. 하나님도 실내장식을 하지 않고는 못 배기신다. 하나님을 마음속에 한동안 거하시게 해보라. 그 마음은 변하기 시작한다. 상처의 초상화가 은혜의 풍경화로 바뀐다. 분노의 벽은 무너지고 불안한 기초는 든든해진다. 어머니가 자식의 눈물을 씻어 주지 않고 그냥 둘 수 없듯이 하나님은 인생을 바꾸지 않고 그냥 두실 수 없다.

하나님은 당신을 소유하시는 것으로 양이 차지 않으신다. 당신을 바꾸기 원하신다. 당신과 나야 안락의자와 냉장고만 있으면 족할지 모르나 하나님은 궁전에 못 미치는 처소로는 절대 만족하지 않으신다. 그분이 소유한 그분의 집이다. 하나님은 비용을 아끼지 않으신다. 적당히 대충 하지 않으신다. "믿는 우리에게 베푸신 능력의 지극히 크심이 어떤 것을 너희로 알게 하시기를 구하노라"(엡 1:19).

그렇다면 당신의 삶의 고생스런 부분들이 약간은 이해가 될 것이다. 마음을 개조하는 작업은 늘 즐겁지만은 않은 일이다. 목수 하나님이 선반 몇 개

더 없으실 때에야 당신도 이의 없겠지만 그분은 한쪽 벽을 완전히 허물기로도 유명하신 분이다. 하나님은 당신을 향해 아주 큰 뜻을 품고 계신다. 완전한 회복을 꿈꾸고 계신다. 그 일이 끝날 때까지 그분은 멈추지 않으신다. 우리가 "그 아들의 형상을 본받게"(롬 8:29) 되기까지 그 일은 끝나지 않는다.

당신의 창조자가 당신을 그리스도의 형상으로 다시 빚고 계신다. 그분은 당신이 예수님처럼 되기 원하신다. 그것이 하나님의 열망이자 이 책의 주제다.

본론으로 들어가기 전 잠깐 멈추어 당신께 감사를 표해도 될까? 당신과 함께 보내는 이 시간은 내게 커다란 특권이다. 이런 기회를 주신 하나님께 깊이 감사드린다. 이 책을 읽는 모든 이들을 위한 나의 기도는 간단하다. 하나님이 당신의 눈을 뜨게 해 예수님을 보게 해주시기를 빈다. 그리고 예수님의 모습 속에서, 하나님이 뜻하신 당신의 모습도 볼 수 있게 되기를 바란다.

아울러 이 책을 가능하게 한 사람들 몇을 당신에게 소개하고 싶다. 다음 소중한 친구들에게 감사를 표한다.

리즈 헤이니와 카렌 힐에게―원고 편집을 이렇게 능숙하고 친절하게 해주는 사람도 많지 않다. 또 한번의 역작에 다시 한번 감사한다.

스티브 그린과 셔릴 그린에게―곁에 있는 것만으로도 삶의 짐이 가벼워진다. 여러 모로 감사한다.

오우크 힐스 교회의 놀라운 믿음의 가족들에게―담임목사를 뽑는 취향에는 다소 문제가 있지만 이렇게 사랑해 주니 고마울 뿐이다. 어느덧 함께한 지 10년이 되었다. 하나님이 더 오랜 시간을 허락해 주시기를 빈다.

스캇 심슨에게―진짜 적시타였다. 피차 타이밍이 완벽했다. 영감을 주어 고맙다.

워드 출판사의 숙련된 출판팀에게―변하는 시대에도 믿을 수 있는 진실한 이들이다. 그들의 저자 명부에 내 이름이 끼어 있어 영광이다.

나의 세 딸 제나, 안드리아, 사라에게―천국에서 세 천사가 없어지면 어디가서 찾을지 나는 안다.

캐시, 칼, 켈리 조단 가족에게―이 책의 출간은 이들의 남편이자 아버지인 키프의 죽음과 우연히 시기가 겹쳤다. 참으로 아까운 사람이다. 출판 분야에 사람이 많지만 그의 모습은 단연 돋보였다. 아무도 그 자리를 대신할 수 없으리라. 그는 언제나 소중히 기억될 것이다.

무엇보다도, 데날린에게―당신이 우리 집에 한 일은 당신이 내 마음에 한 일에 비하면 아무것도 아니라오. 마음대로 장식하구려, 여보.

1. 예수님의 마음

딱 하루만 예수님이 당신이 된다면?

24시간 동안 예수님이 당신 침대에서 일어나 당신 신발을 신고 걸으며 당신 집에서 살고 당신 스케줄을 대신 맡는다면? 당신의 상사가 그분의 상사요 당신의 어머니가 그분의 어머니요 당신의 고통이 그분의 고통이 된다면? 딱 한 가지만 빼고 당신의 삶은 전혀 바뀌지 않는다. 당신의 건강도 달라지지 않는다. 당신의 상황도 달라지지 않는다. 당신의 스케줄도 바뀌지 않는다. 당신의 문제도 해결되지 않은 채로다. 딱 한가지만 바뀐다.

밤낮 하루 예수님이 그분의 마음으로 당신의 삶을 산다면? 당신의 마음은 하루 휴가를 떠나고 당신의 삶은 예수님의 마음에 따른다. 그분의 우선순위가 당신의 활동을 지배한다. 그분의 열정이 당신의 결정을 좌우한다. 그분의 사랑이 당신의 행동을 지시한다.

당신은 어떤 모습이 될까? 사람들이 변화를 눈치챌까? 당신의 가족들한테 뭔가 새로운 모습이 눈에 띌까? 당신의 직장동료들은 차이를 감지할까?

불우한 사람들은 어떨까? 당신은 그들을 똑같이 대할까? 당신의 친구들은? 당신에게서 더 많은 기쁨을 보게 될까? 당신의 적들은 어떨까? 당신의 마음보다 그리스도의 마음에서 더 많은 자비를 얻게 될까?

그리고 당신은? 기분이 어떨까? 스트레스 수준은 어떻게 달라질까? 감정 변화는? 성질은? 잠은 더 잘 자게 될까? 석양을 보는 눈이 달라질까? 죽음이 달라 보일까? 세금이 달라 보일까? 필요한 진통제나 진정제의 양이 줄어들 수도 있을까? 교통체증에 대한 반응은 어떨까? (이거야말로 신경 건드리는 문제로군.) 전에 무섭던 것이 여전히 무서울까? 그보다도, 전에 하던 일을 여전히 하고 있을까?

다음 24시간 동안 하려고 계획했던 일을 여전히 하게 될까? 잠시 멈추고 당신의 스케줄을 생각해 보라. 의무, 계약, 외출, 약속을 따져 보라. 예수님이 내 마음을 넘겨받으면 달라질 것이 있을까?

조금만 더 계속해 보자. 당신의 삶을 주도하시는 예수님의 모습이 선명히 잡힐 때까지 상상의 렌즈를 조정하라. 그리고는 셔터를 눌러 그 이미지를 찍어 두라. 거기 보이는 모습이 바로 하나님이 원하시는 모습이다. 하나님은 당신이 "그리스도 예수의 마음"을 "품기"(빌 2:5) 원하신다.

당신을 향한 그분의 계획은 새롭게 변화된 마음이다. 당신이 차라면 하나님은 엔진을 관할하려 하실 것이다. 당신이 컴퓨터라면 하나님은 소프트웨어와 하드 드라이브를 주관하실 것이다. 당신이 비행기라면 하나님은 조종석에 앉으실 것이다. 그러나 당신이 사람이기에 하나님은 당신의 마음을 변화시키기 원하신다.

"오직 심령으로 새롭게 되어 하나님을 따라 의와 진리의 거룩함으로 지으심을 받은 새 사람을 입으라"(엡 4:23-24).

하나님은 당신이 예수님처럼 되기 원하신다. 하나님은 당신이 예수님의 마음을 품기 원하신다.

여기서 한 가지 모험을 하려 한다. 커다란 진리를 몇 마디로 요약하는 것은 위험한 일이지만 그래도 해보려 한다. 우리 각 사람을 향한 하나님의 열망을 한두 문장에 담을 수 있다면 아마도 이런 내용이 될 것이다.

하나님은 당신을 있는 그대로 사랑하신다.
그러나 그대로 두시지는 않는다. 하나님은 당신이
예수님처럼 되기 원하신다.

하나님은 당신을 있는 그대로 사랑하신다. 믿음이 커지면 하나님의 사랑도 더 커질 줄 생각한다면 그것은 오산이다. 묵상이 깊어지면 하나님의 사랑도 더 깊어질 줄 생각한다면 그 또한 오해다. 하나님의 사랑을 인간의 사랑과 혼동하지 말라. 잘할 때는 후해졌다 실수하면 줄어드는 것이 사람의 사랑이다. 하나님의 사랑은 그렇지 않다. 하나님은 당신을 있는 그대로 사랑하신다. 아내가 가장 좋아하는 저자의 말을 인용한다.

하나님의 사랑은 끝없는 사랑이다. 영원히. 우리가 그분을 상대하지 않아도. 무시해도. 퇴짜를 놓아도. 멸시해도. 불순종해도. 그분은 변하시지 않는다. 우리의 악이 그분의 사랑을 줄어들게 할 수 없다. 우리의 선이 그분의 사랑을 더 커지게 할 수도 없다. 하나님의 사랑은 우매하다고 잃는 것도 아니요 믿음으로 얻어 내는 것도 아니다. 하나님은 우리가 실패한다고 덜 사랑하시고 성공한다고 더 사랑하시지 않는다. 하나님의 사랑은 끝없는 사랑이다.[1]

하나님은 당신을 있는 그대로 사랑하신다. 그러나 그대로 두시지는 않는다. 딸 제나가 걸음마쟁이였을 때 나는 딸아이를 우리 아파트에서 멀지 않은 공원에 데리고 가곤 했다. 하루는 딸아이가 모래밭에서 놀고 있는데 아이스크림 장수가 왔다. 하나 사서 주려고 돌아서니 제나의 입속이 온통 모래였다. 내가 맛있는 걸 넣어 주려던 곳에 딸아이는 흙을 잔뜩 넣었던 것이다.

입속에 흙을 넣은 딸아이를 나는 사랑했을까? 두말하면 잔소리다. 입속에 흙이 있다고 내 딸의 자격에 미달했을까? 말도 안된다. 입속에 흙을 물고 있도록 계속 그대로 두었을까? 천만의 말씀. 나는 딸을 있는 그대로 사랑했다. 그러나 그대로 둘 수는 없었다. 음료수대로 안고 가 입을 씻어 주었다. 왜? 사랑하기 때문에.

하나님도 우리에게 똑같이 하신다. 그분은 우리를 샘으로 안고 가신다. "애야, 흙을 뱉어라." 우리 아버지는 타이르신다. "나한테 더 좋은 게 있단다." 그렇게 그분은 우리의 오물을 씻어 주신다. 부도덕, 부정직, 편견, 원한, 탐욕을. 우리는 씻는 게 즐겁지 않다. 심지어 어떤 때는 아이스크림 대신 흙을 택하기도 한다. "내가 먹고 싶으면 흙도 먹을 수 있어!" 입을 내밀며 큰소리 친다. 맞는 말이다. 우린 그럴 수 있다. 그러나 흙을 먹으면 우리만 손해다. 하나님은 더 좋은 것을 들고 계신다. 그분은 우리가 예수님처럼 되기 원하신다.

기쁜 소식 아닌가? 당신의 현 성격은 영영 굳어진 게 아니다. 불평불만은 당신의 운명이 아니다. 당신은 새로 빚어질 수 있다. 평생을 허구한 날 걱정만 하며 살았다 해도 남은 인생은 걱정하지 않아도 된다. 날 때부터 고집쟁이였다면? 고집쟁이로 죽을 필요는 없다.

사람은 변화되지 않는다는 생각을 우리는 어디서 배운 것일까? "걱정 많은 건 내 천성이야." "난 평생 비관만 하며 살거야. 그게 나야." "나는 성질이 못됐어. 그런 행동은 나도 어쩔 수 없어." 이런 말은 다 어디서 온 것인가? 도대체 누가 그러던가? 자신의 몸에 대해서도 똑같이 말할 참인가? "부러진 다리는 내 본연의 모습이야. 그냥 놔두는 수밖에 없어." 말도 안된다. 우리는 몸에 고장이 생기면 도움을 구한다. 마음에도 똑같아야 되지 않는가? 비뚤어진 태도에 대해서도 도움을 구해야 하지 않는가? 이기적인 언사에는 치료를 청할 수 없단 말인가? 아니다. 가능한 일이다. 예수님은 우리 마음을 바꿔 주실 수 있다. 그분은 우리가 그분의 마음을 품기 원하신다.

이보다 더 좋은 선물을 상상할 수 있을까?

그리스도의 마음

예수님의 마음은 순결했다. 무리의 흠모를 받으셨지만 그분은 검소한 삶으로 족하셨다. 여자들의 공궤를 받았으나(눅 8:1-3) 불순한 생각으로 욕 들으신 일이 없었다. 자신의 피조물에게 능욕당하셨건만 그들이 자비를 빌기도 전 이미 용서를 베푸셨다. 예수님과 3년 반을 함께 다닌 베드로는 그분을 "흠 없고 점 없는 어린양"(벧전 1:19)으로 묘사했다. 같은 기간을 예수님과 함께 보낸 요한도 "그에게는 죄가 없다"(요일 3:5)고 결론지었다.

예수님의 마음은 평안했다. 제자들은 무리를 먹일 일에 안달했으나 예수님은 그렇지 않았다. 그분은 문제로 인해 하나님께 감사했다. 제자들은 폭풍 중 겁에 질려 소리쳤으나 예수님은 그렇지 않았다. 그분은 그 속에서도 주무셨다. 베드로는 검을 뽑아 병사들에게 맞섰지만 예수님은 그렇지 않았다. 그분은 손을 들어 치유해 주셨다. 그분의 마음은 늘 평안했다. 제자들에게 버림받자 예수님이 시무룩해져 집으로 가셨던가? 베드로가 부인하자 노발대발하셨던가? 병사들이 얼굴에 침을 뱉자 도로 그들의 얼굴에 불을 뿜어내셨던가? 천만부당한 일이다. 그분은 침착하셨다. 그분은 그들을 용서하셨다. 절대 복수심에 사로잡히지 않으셨다.

그분은 또한 위로부터 주어진 소명 외에 어떤 다른 것에도 이끌려 다니지 않으셨다. 그분의 마음은 목표가 분명했다. 대부분의 인생들은 특별한 목표도 없고 성취도 없다. 예수님은 한 가지 목표가 있었다. 인류를 죄에서 구원하는 것이었다. 그분은 자신의 삶을 한 문장으로 요약할 수 있었다. "인자의 온 것은 잃어버린 자를 찾아 구원하려 함이니라"(눅 19:10). 이 사명에 철저히 초점을 맞추고 사셨기에 그분은 "내 때가 아직 이르지 못하였다"(요 2:4)고 말할 때와 "다 이루었다"(요 19:30)고 말할 때를 분명히 아셨다. 그러나 즐거운 마음을 잃을 만큼 목표에 찌들어 사시지는 않았다.

정반대이다. 그분의 생각은 얼마나 즐거우셨던가! 아이들은 예수님을 좋아하지 않을 수 없었다. 그분은 백합화에서 아름다움을, 예배에서 기쁨을, 문제에서 가능성을 찾을 줄 아셨다. 병자들 무리와 며칠씩 보내고서도 여전히 그들을 향해 안타까운 마음을 품으셨다. 30년 넘는 시간을 우리 죄악의 오물과 진창 속을 헤집고 다니셨건만, 여전히 우리 안에서 아름다움을 보셨고 우리 잘못을 위해 죽으셨다.

그러나 그리스도의 성품 중 단연 압권은 이것이다. 그분의 마음은 신령했다. 그분의 생각은 아버지와의 친밀한 관계를 잘 보여주었다. 그분은 "내가 아버지 안에 있고 아버지께서 내 안에 계시다"(요 14:11)고 말씀하셨다. 그분의 최초의 기록된 설교는 이 말로 시작된다. "주의 성령이 내게 임하셨으니"(눅 4:18). 그분은 "성령에게 이끌리셨고"(마 4:1) "성령의 충만함을 입으셨다"(눅 4:1). 그분은 "성령의 권능으로"(눅 4:14) 광야에서 돌아오셨다.

예수님은 하나님의 지시를 받아 사셨다. 예배 참석은 그분의 습관이었고(눅 4:16) 성경암송은 그분의 관행이었다(눅 4:4). 누가는 말한다. "예수께서 물러가사 한적한 곳에서 기도하시니라"(눅 5:16). 기도시간을 통해 그분은 하나님의 인도하심을 받았다. 기도하고 오신 뒤, 다른 마을로 갈 때가 됐다고 밝히신 일도 있다(막 1:38). 제자들을 뽑으신 것도 기도 후였다(눅 6:12-13). 예수님은 보이지 않는 손에 이끌려 사셨다. "아버지께서 행하시는 그것을 아들도 그와 같이 행하느니라"(요 5:19). 같은 장에서 그분은 이렇게 말씀하셨다. "내가 아무것도 스스로 할 수 없노라. 듣는 대로 판단하노니"(요 5:30).

예수님의 마음은 신령했다.

인간의 마음

우리의 마음은 그분의 마음과는 사뭇 거리가 멀다. 그분은 순결하시되 우리는 탐심이 가득하다. 그분은 평안하시되 우리는 복잡하다. 그분은 목적이 분명하시되 우리는 산만하다. 그분은 즐거우시되 우리는 군말이 많다. 그분은 신령하시되 우리는 이 땅에 매여 있다. 우리의 마음과 그분의 마음의 거리는 너무 멀게만 느껴진다. 예수님의 마음을 품기를 어떻게 꿈이라도 꿀 수 있단 말인가?

놀랄 준비가 되었는가? 당신은 이미 품고 있다. 그리스도의 마음을 이미 품고 있다. 왜 나를 그런 눈으로 쳐다보는가? 내가 농담이라도 했는가? 당신이 그리스도 안에 있다면 당신은 이미 그리스도의 마음을 품고 있다. 가장 고귀하면서도 우리가 미처 깨닫지 못하고 있는 하나님의 약속 가운데 하나는 단순히 이것이다. 당신이 당신의 삶을 예수님께 드렸다면 예수님도 당신에게 자신을 내어주셨다. 그분은 당신의 마음을 그분의 집으로 삼으셨다. 바울보다 더 간명하게 말하기는 어려울 것이다. "내 안에 그리스도께서 사신 것이라"(갈 2:20).

반복의 위험을 무릅쓰고 반복한다. 당신이 당신의 삶을 예수님께 드렸다면 예수님도 당신에게 자신을 내어주셨다. 그분은 이미 입주해 짐을 풀고 당신을 변화시켜 "저와 같은 형상으로 화하여 영광으로 영광에 이르게"(고후 3:18) 하실 준비가 돼 있다. 바울은 이것을 이런 말로 설명한다. "이상한 일이지만 우리 그리스도인들 안에는 실제로 그리스도의 생각과 마음이 이미 일부분 들어와 있다"(고전 2:16, TLB).

이상하다는 말이 맞다. 나에게 예수님의 생각이 있다면 왜 아직도 내 생각은 이토록 나다운 것일까? 나에게 그리스도의 마음이 있다면 왜 아직도 나의 고민이 버젓이 살아있는 것일까? 예수님께서 내 안에 거하시는데 왜 나는 아직도 교통체증에 진저리를 치는 것일까?

백여 년 전 아일랜드 해변에 작은 집 한 채를 갖고 있었던 한 여자의 이야기에서 그 답을 일부 찾을 수 있다. 여자는 아주 부자이면서 아주 검소했다. 여자가 자기 집에 일착으로 전기를 들여놓겠다고 하자 사람들은 놀랐다.

전기를 가설한 지 몇 주 지나 계량기 검침원이 찾아왔다. 검침원이 전기가 잘 들어오고 있는지 묻자 여자는 그렇다고 했다. 검침원이 말했다. "어떻게 된 일인지 영문을 모르겠군요. 부인의 계량기는 거의 제자리걸음입니다. 전기를 쓰고 계신 겁니까?"

"물론이죠." 여자가 말했다. "저녁마다 해가 지면 촛불 붙이는 데 필요한 시간만큼만 전깃불을 켜지요. 그리고는 꺼버려요."[2]

전기는 들어오지만 사용하지 않은 것이다. 여자의 집은 전기는 연결돼 있지만 달라진 게 없었다. 우리도 똑같은 실수를 범하고 있지 않은가? 우리 역시—영혼은 구원받았지만 마음은 변화되지 않은—연결돼 있지만 달라진 게 없다. 그리스도의 구원은 믿지만 변화는 저항한다. 어쩌다 스위치를 올릴 때도 있으나 대개는 그냥 어둠 속에 갇혀 지낸다.

불을 계속 켜두면 어떻게 될까? 스위치를 올리고 계속 그 빛 가운데 산다면? 그리스도의 광채 안에 거하는 작업을 시작한다면 어떤 변화가 일어날까?

하나님은 우리를 향해 원대한 계획을 갖고 계시다. 분명한 사실이다. 당신의 영혼을 구원하신 그분이 당신의 마음을 재창조하기 원하신다. 그분의 계획은 조금도 타협 없는 온전한 변화다. "하나님이 미리 아신 자들로 또한 그 아들의 형상을 본받게 하기 위하여 미리 정하셨으니"(롬 8:29).

"새 사람을 입었으니 이는 자기를 창조하신 자의 형상을 좇아 지식에까지 새롭게 하심을 받는 자니라"(골 3:10).

하나님은 우리를 예수님의 형상으로 바꿔 주시기 원하신다. 우리는 이 선물을 받아들일 것인가? 이런 제안을 하고 싶다. 예수님처럼 된다는 것이 어떤 뜻인지 한번 생각해 보자. 그리스도의 마음을 충분히 들여다보자. 긍휼히 여기시는 마음, 아버지와의 친밀한 관계, 초점이 분명한 삶, 그리고 그분의 인내를 앞으로 몇 장에 걸쳐 함께 생각해 보자. 그분은 어떻게 용서하셨나? 그분은 언제 기도하셨나? 무엇이 그분을 그토록 즐겁게 하셨나? 그분은 왜 포기하지 않으셨나? "예수를 바라보자"(히 12:2). 그분의 모습 속에 우리가 이루어 갈 형상이 들어 있을 것이다.

누가 뉘게 혐의가 있거든

서로 용납하여 피차 용서하되

주께서 너희를 용서하신 것과 같이

너희도 그리하고.

골로새서 3:13

2. 꼼짝없이 매인 사람들 사랑하기

용서하는 마음

나의 첫 애완동물은 어릴 적 크리스마스이브 선물로 받은 것이다. 아버지 손 안에 쏙 들어갈 만큼 작고 여덟 살 내 마음을 훔칠 만큼 귀엽던 그 갈색과 흰색이 섞인 중국산 퍼그의 사진이 지금도 어딘가에 있다. 우리는 이 개에게 리즈라는 이름을 붙여 주었다.

나는 하루 종일 리즈를 안고 다녔다. 퍼덕이는 귀가 신기하기만 했고 납작한 코가 볼수록 예뻤다. 잠도 같이 잤다. 개 냄새가 나면? 그 냄새가 귀여웠다. 낑낑대고 킁킁거리면? 그 소리가 귀여웠다. 내 베개에 볼일을 보면? 그것까지 귀엽다고 할 수야 없겠지만 어쨌든 나는 상관하지 않았다.

엄마 아빠는 리즈를 돌보는 책임이 나에게 있음을 처음부터 분명히 했고 나는 기꺼이 응했다. 나는 리즈의 작은 밥그릇도 씻고 개 음식 깡통도 땄다. 물을 다 핥아먹으면 즉각 다시 부어 놓았다. 머리도 빗어 주었고, 꼬리도 쉴 새 없이 흔들게 만들었다.

그러나 며칠 못가 내 기분이 약간 달라졌다. 리즈는 여전히 내 개였고 나는 여전히 리즈의 친구였으나 이제 그 짖는 소리가 지겨워졌다. 거기다 리즈는 갈수록 배만 고픈 것 같았다. 식구들한테 말 듣는 일이 잦아졌다. "리즈 좀 잘 봐. 네 개잖아."

네 개―나는 그 말이 듣기 싫었다. "같이 놀 때만 네 개"라든지 "네가 원할 때만 네 개"라든지 "말 잘 들을 때만 네 개"라면 싫지 않았으리라. 그러나 부모님이 사용한 말은 그런 것들이 아니었다. 엄마 아빠 말은 "리즈는 네 개야"였다. 그걸로 끝이었다. 병들 때나 건강할 때나. 부유할 때나 가난할 때나. 진자리나 마른자리나.

그때 퍼뜩 든 생각이 있다. **나는 리즈한테 꼼짝없이 매였구나.** 연애는 끝났다. 신혼여행도 끝났다. 우리는 서로 묶여 있었다. 이제 리즈는 선택의 대상에서 의무의 대상이 되었다. 애완동물에서 귀찮은 일로 변했다. 놀이 상대에서 간호 상대로 바뀌었다.

당신도 생각나는 바가 있을 것이다. 헌신에 뒤따르는 밀실공포증을 당신도 알고 있으리라. 다만 "리즈는 네 개잖아" 대신 듣는 말이 달라질 뿐이다. "그 사람은 네 남편이야." "네 아내야." "네 자식, 부모, 직원, 상사, 룸메이트야." 그 밖에도 생존에 충성이 필요한 관계라면 다 마찬가지다.

그 영속성이 사람을 겁에 질리게 할 수 있다. 적어도 나는 그랬다. 몇 가지 심각한 질문이 내 답을 기다리고 있었다. 납작한 코에 털북숭이에 배까지 고픈 이 똑같은 얼굴을 나는 아침마다 참아 낼 수 있을까? (아내들은 이 기분을 알리라!) 나만 보면 짖어 대는 저 소리를 죽는 날까지 듣고 살 것인가? (고개를 끄덕이는 아이들!) 리즈한테 과연 제가 본 일을 제 힘으로 청소할 날이 올까? (부모들의 "아멘" 소리가 들린다!)

매임병(病)

누군가에게 꼼짝없이 매였다고 느껴질 때 우리에게 드는 의문들이다. 이 증상을 일컫는 단어가 있다. 한 단어 의학사전(이 장을 쓰기 바로 전날 내가 집필한)에 따르면 이 증상은 매임병(*stuckititis*)이라고 하는 아주 흔한 질병이다. (*Stuck*이란 "꼼짝없이 갇혔다"는 뜻이요 *Ititis*란 거창한 병명처럼 보이고 싶을 때 아무 단어에나 붙이는 말이다. 큰 소리로 읽어 보라.) 「맥스 의학용어집」은 이 증상을 이렇게 풀이하고 있다.

> 매임병은 숨쉬고 있는 사람들에게만 발병하는 것으로 특히 출생과 죽음 사이에 찾아온다. 매임병의 증세는 짜증이 늘고 화를 잘 내며 속에 쌓이는 것이 많아진다. 매임병 환자들에게서 흔히 볼 수 있는 증상은 **누구**, **무슨**, **왜** 따위가 들어가는 질문을 반복하는 것이다. 이 사람이 **누구**지? 내가 그때 **무슨** 생각을 하고 있었을까? **왜** 어머니 말을 듣지 않았을까?[1]

이 저명한 용어집은 매임병의 처방을 세 가지로 소개하고 있다. 도망간다, 싸운다, 또는 용서한다. 도망가는 길을 택하는 이들이 있다. 현 관계에서 벗어나 딴 데 가서 다시 시작하는 것이다. 그러나 그 관계에서도 똑같은 증상이 재발하여 놀라는 경우가 많다. 싸우는 이들도 있다. 가정은 전쟁터가 되고 사무실은 복싱 링이 되고 긴장은 생활방식이 된다. 그러나 또 하나의 처방, 용서를 찾는 이들도 더러 있다. 내 용어집에는 용서의 방식은 나와 있지 않지만 성경이 말해 주고 있다.

예수님도 누군가에게 꼼짝없이 매이는 기분을 아셨다. 3년간 그분은 똑같은 무리와 함께 다니셨다. 식탁에서도 모닥불 곁에서도 하루 온종일 대체로 여남은 명 넘는 똑같은 얼굴을 맞대고 사셨다. 이들은 똑같은 배를 타고 똑같은 길을 걸어 똑같은 집을 찾아갔다. 궁금한 것이 있다. 예수님은 그 사람들을 어떻게 그렇게 끝까지 헌신적인 태도로 대하신 것일까? 그분은 눈에 보이는 꼴불견만 참으신 것이 아니라 그들의 보이지 않는 결점까지 견디셔야 했다. 생각해 보라. 그분은 그들의 말하지 않는 생각까지 들으실 수 있었다. 내면의 의심도 아셨다. 그뿐 아니라 앞으로 품을 의심까지도 아셨다. 당신이, 사랑하는 이들의 과거의 모든 실수와 앞으로 저지를 모든 실수를 미리 안다면 어떻게 될까? 그들이 당신에 대해 품을 모든 생각, 모든 짜증, 모든 혐오, 모든 배반을 미리 안다면?

예수님은 힘드셨을까? 베드로가 어느 날 자신을 저주할 것을 알면서도 그를 사랑하기가? 도마가 어느 날 자신의 부활을 의심할 것을 알면서도 그를 믿어 주기가? 제자들을 딴 사람들로 새로 뽑고 싶은 충동을 예수님은 어떻게 억제하셨을까? 요한은 원수에게 불을 내리려 했다. 베드로는 원수의 귀를 잘랐다. 예수님이 죽으시기 바로 며칠 전에도 제자들은 누가 제일 잘났냐며 싸우고 있었다. 좀처럼 호감이 가지 않는 사람들을 그분은 어떻게 사랑하실 수 있었을까?

꼼짝없이 매인 관계보다 더 절망스러운 상황도 없을 것이다. 강아지와 매이는 것은 그래도 낫다. 부부관계로 매이는 것은 전혀 다른 문제다. 매임병 같은 엉뚱한 용어에 웃음이 나올지 몰라도, 많은 사람들에게 이것은 웃을 일이 아니다. 그렇기 때문에, 예수님처럼 된다는 것의 의미를 알려면 우선 용서하는 마음부터 살펴보는 것이 좋을 듯 싶다. 예수님은 어떻게 제자들을 사랑하실 수 있었을까? 요한복음 13장에서 해답을 찾을 수 있다.

수건과 대야로

예수께서 무릎을 꿇으시는 모든 장면들 가운데 제자들 앞에 꿇어앉아 그 발을 씻기시는 모습보다 더 숭고한 것은 없다.

　유월절 만찬 바로 전이었다. 예수님은 자기가 세상을 떠나 아버지께로 돌아가실 때가 이른 줄 아셨다. 세상에 있는 자기 사람들을 사랑하신 그분은 그 사랑의 마지막 한 방울까지 다 쏟아부어 주셨다.

> 마귀가 벌써 시몬의 아들 가룟 유다의 마음에 예수를 팔려는 생각을 넣었더니 저녁 먹는 중 예수는 아버지께서 모든 것을 자기 손에 맡기신 것과 또 자기가 하나님께로부터 오셨다가 하나님께로 돌아가실 것을 아시고 저녁 잡수시던 자리에서 일어나 겉옷을 벗고…제자들의 발을 씻기시고 그 두르신 수건으로 씻기기를 시작하여(요 13:1-5).

　긴 하루였다. 예루살렘은 유월절 손님들로 북적댄다. 그중 다수가 잠깐 비친 나귀 탄 랍비의 모습에 환호성을 친다. 봄볕은 따사롭다. 거리는 물기 하나 없다. 제자들은 고향을 떠나 먼 길을 왔다. 시원한 물 한 바가지면 숨을 좀 돌리련만.

　제자들은 하나하나 들어와 식탁에 둘러앉는다. 벽에는 수건이 걸려 있고 바닥에는 대야와 바가지가 놓여 있다. 제자들 중 아무나 나설 수 있는 일이었다. 그러나 아무도 나서지 않는다.

얼마 후 예수님이 자리에서 일어나 겉옷을 벗으신다. 종의 수건을 가져다 허리에 두르고 대야를 들고 가 한 제자 앞에 무릎을 꿇으신다. 샌들 끈을 풀고 발을 살짝 들어 대야에 담은 뒤 물을 붓고 씻기 시작하신다. 때묻은 발을 하나씩 하나씩, 예수님은 한 사람 한 사람 차례대로 씻겨 나가신다.

예수님 당시 발을 씻기는 것은 그냥 종이 아니라 종 중에서도 가장 낮은 종이 하는 일이었다. 모든 집단에는 서열이 있었고 집안의 종들도 예외는 아니었다. 수건과 대야를 들고 꿇어앉는 일은 서열이 제일 낮은 종의 몫이었다.

이 경우는 수건과 대야를 드신 분이 우주의 왕이다. 별들을 빚으신 그 손이 지금 때를 씻어 내고 있다. 산들을 만드신 손가락이 지금 발가락을 문지르고 있다. 어느 날 온 열방이 그 앞에 무릎 꿇을 그분이 지금 제자들 앞에 무릎 꿇고 있다. 죽음을 몇 시간 앞두고 그분의 관심은 단 한 가지다. 자기가 제자들을 얼마나 사랑하는지 그들이 알기 원하신 것이다. 예수님은 그들의 때만 씻기신 것이 아니라 그들의 의심을 벗겨 내고 있었다.

예수님은 십자가에서 자신의 손이 어떻게 될지 알고 계셨다. 24시간이 못 되어 그 손은 못박혀 생명을 잃을 것이다. 예수님이 제자들의 주목을 요구하실 만한 시점이 있었다면 지금이야말로 바로 그때일 것이다. 그러나 그분은 그러시지 않는다.

예수님은 지금 자신이 씻기고 있는 이 발들의 미래를 분명 알고 계셨다. 이 스물네 개의 발은 이튿날 주님을 따라가 주님 편에 서는 데 사용되지 않을 것이다. 로마의 번쩍이는 검 앞에 숨을 곳을 찾아 줄행랑칠 발들이다. 그

중 한 사람의 발은 겟세마네 동산에서 그분을 버리지 않을 것이다. 유다의 발은 거기까지도 미치지 못할 것이다! 그날 밤 그 자리에서 예수님을 버릴 것이다.

나는 "예수께서 유다의 발만 빼고 모든 제자의 발을 씻기셨다"고 번역된 성경을 찾아보았으나 찾을 수 없었다. 자신을 배반할 자의 발을 들어 대야에 담아 말없이 씻기신 예수님, 얼마나 진한 사랑의 순간인가! 몇 시간 후 유다의 발—자기가 배반할 분이 사랑으로 씻어 주신—은 가야바의 법정에 서 있을 것이다.

예수께서 자기를 따르는 이들에게 주시는 선물을 보라! 그분은 잠시 후 이 사람들이 할 일을 알고 있다. 평생에 가장 비열한 짓을 행할 것을 알고 있다. 아침이면 이들은 수치심과 자괴감에 얼굴을 묻고 고개를 들지 못할 것이다. 그때 발이 눈에 들어오리라. 예수님은 바로 그때 그들이 기억하고 깨닫기 원하셨다. 예수님이 무릎 꿇고 그 발을 씻어 주셨던 것을. 그 발이 아직도 깨끗하다는 것을. "나의 하는 것을 네가 이제는 알지 못하나 이후에는 알리라"(요 13:7).

얼마나 놀라운 일인가. 그분은 제자들이 죄를 짓기도 전에 용서하셨다. 구하기도 전에 자비를 베푸셨다.

그 은혜의 대야에서

"아, 나는 절대 못해." 당신은 이의를 표한다. "상처가 너무 깊어. 상처받은 일도 너무 많고. 그 사람을 보기만 해도 몸서리가 쳐져." 당신의 문제는 그

것인지도 모른다. 당신은 딴 사람을 보고 있거나 적어도 딴 사람을 너무 많이 보고 있다. 예수님처럼 된다는 것의 비밀은 예수를 "바라보는" 데 있다는 것을 잊지 말라. 당신의 시선을 당신에게 상처 입힌 사람에게서 떼어 당신을 구원하신 분에게 두라.

요한의 약속을 보라. "저가 빛 가운데 계신 것같이 우리도 빛 가운데 행하면 우리가 서로 사귐이 있고 그 아들 예수의 피가 우리를 모든 죄에서 깨끗하게 하실 것이요"(요일 1:7).

지리와 연대만 빼고는 우리의 사연도 제자들의 사연과 똑같다. 우리는 예루살렘에 없었고 그날 밤 살아있지 않았다. 그러나 그들에게 해주신 일을 예수님은 우리에게도 해주셨다. 그분은 우리를 깨끗게 하셨다. 우리 마음의 죄를 씻어 주셨다.

그뿐 아니라 그분은 지금도 우리를 씻어 주고 계신다. 요한은 "우리의 모든 죄가 예수의 피로 **씻겨지고 있다**"고 말한다. 다시 말해서 우리는 **언제나 씻겨짐을 받고 있다**. 씻겨짐은 미래의 약속이 아니라 현재의 실상이다. 성도의 영혼에 흙먼지가 묻는다. 씻겨진다. 하나님의 자녀의 마음에 오물이 떨어진다. 씻겨진다. 예수님은 지금도 제자들의 발을 씻고 계신다. 예수님은 지금도 성도들을 씻어 주신다. 예수님은 지금도 그 백성을 깨끗게 하신다.

예수님은 꿇어앉아 우리 삶의 가장 어두운 행위들을 들여다보신다. 그러나 놀라 뒷걸음치는 것이 아니라 자비의 손을 내밀며 이렇게 말씀하신다. "너만 좋다면 내가 씻어 주마." 그리고 그 은혜의 대야에서 자비를 한 움큼 떠올려 우리 죄를 씻으신다.

그러나 그분의 일은 그것이 다가 아니다. 그분이 우리 안에 살아계시기에 당신과 나도 똑같이 할 수 있다. 그분이 우리를 용서하셨기에 우리도 다른 사람들을 용서할 수 있다. 그분이 용서하는 마음을 지니셨기에 우리도 용서하는 마음을 지닐 수 있다. 우리도 그분의 마음을 품을 수 있다.

"내가 주와 또는 선생이 되어 너희 발을 씻겼으니 너희도 서로 발을 씻는 것이 옳으니라. 내가 너희에게 행한 것같이 너희도 행하게 하려 하여 본을 보였노라"(요 13:14-15).

예수님은 두 가지 이유로 우리의 발을 씻어 주신다. 첫째는 우리에게 자비를 베푸시려는 것이고 둘째는 우리에게 메시지를 주시려는 것이다. 그 메시지는 단순하다. 예수께서 무조건적인 은혜를 베푸셨으니 우리도 무조건적인 은혜를 베풀어야 한다는 것이다. 우리의 잘못보다 그리스도의 자비가 선행된 것처럼 우리의 자비도 다른 사람의 잘못보다 선행돼야 한다. 그리스도 주변에 있던 사람치고 그분의 사랑을 의심한 사람은 없다. 우리 주변 사람들도 우리의 사랑에 의심이 없어야 한다.

예수님의 마음을 품는다는 것은 무슨 뜻인가? 예수님이 꿇어앉으신 것처럼 우리도 꿇어앉아, 꼼짝없이 매인 사람들의 더러운 부분을 만져 주고 사랑 없는 그들을 사랑으로 씻어 주는 것이다. 바울은 이렇게 썼다. "서로 인자하게 하며 불쌍히 여기며 서로 용서하기를 하나님이 그리스도 안에서 너희를 용서하심과 같이 하라"(엡 4:32).

"하지만, 나는 잘못이 없어. 속인 건 내가 아니야. 거짓말한 건 내가 아니야. 잘못한 쪽은 내가 아니란 말이야." 당신은 말할 것이다. 과연 당신 잘못이 아닐 수 있다. 그러나 예수님도 잘못이 없었다. 그 방에 있던 모든 이들 중 다른 사람으로부터 발씻김을 받을 자격이 있는 분은 예수님뿐이었다. 그런데 그분이 발을 씻기셨다. 마땅히 섬김받아야 할 분이 오히려 다른 이들을 섬기셨다. 예수님의 모본의 진수는, 화해의 가교를 잇는 짐이 약자의 몫이 아니라 강자의 몫이라는 것이다. 잘못 없는 사람이 손 내미는 자이다.

그러면 어떻게 될까? 옳은 쪽에서 먼저 나서 잘못된 쪽의 발을 씻기면 십중팔구는 양쪽 다 무릎을 꿇을 수밖에 없다. 우리는 다 자기가 옳다고 생각하지 않는가? 그러므로 피차 발을 씻기게 되는 것이다.

반드시 알아야 한다. 관계가 성공하는 것은 죄 있는 쪽이 벌을 받아서가 아니라 죄 없는 쪽에서 베푸는 긍휼 때문이다.

용서의 위력

최근 친구들과 식사를 함께한 일이 있다. 한 부부가 자기들이 겪고 있던 폭풍의 사연을 털어놓았다. 우여곡절 끝에 아내는 10년도 더 된 남편의 외도 행각을 알게 되었다. 남편은 아내에게 말하지 않는 것이 좋을 줄로 잘못 생각하여 비밀로 했다. 그러나 결국 밝혀졌다. 말할 것도 없이 아내는 깊은 상처를 받았다.

상담자의 조언을 받아 이들은 만사 제쳐 두고 며칠 단둘이 여행을 떠났다. 결정을 내려야 했다. 도망갈 것인가, 싸울 것인가, 용서할 것인가? 그래서 이들은 기도했다. 얘기했다. 걸었다. 생각했다. 이것이야말로 아내가 분명히 옳은 경우였다. 아내는 남편을 떠날 수도 있었다. 그보다 덜한 이유로도 많은 여자들이 그렇게 해왔다. 아니면 그냥 부부로 남아 남편의 삶을 생지옥으로 만들 수도 있었다. 그렇게 하는 여자들도 있다. 그러나 이 아내는 다른 반응을 택했다.

여행 열흘째 되던 날, 남편은 자신의 베개 위에 놓여 있는 카드 한 장을 보았다. 카드에는 이런 문구가 인쇄돼 있었다. "당신 없이 무엇을 하기보다는 당신과 함께 아무것도 하지 않으리." 그리고 그 문구 밑에 아내의 이런 말이 적혀 있었다.

당신을 용서해요. 당신을 사랑해요. 계속 함께 걸어요.

카드는 대야였고 펜은 물을 담는 바가지였다. 거기서 순결한 자비가 흘러 나왔다. 그 자비로 아내는 남편의 발을 씻었다.

어떤 갈등은 이렇게 대야의 물로만 풀 수 있다. 당신의 삶 속에 당신의 자비를 목말라하는 관계가 있는가? 당신의 식탁에 둘러앉은 이들 중에 당신의 은혜에 확신이 필요한 사람이 있는가? 예수님은 제자들에게 자신의 사랑이 조금도 의심가지 않게 해주셨다. 당신도 그렇게 하지 않겠는가?

그러므로 너희는 하나님의 택하신

거룩하고 사랑하신 자처럼

긍휼과 자비와 겸손과

온유와 오래 참음을 옷입고.

골로새서 3:12

3. 하나님의 손길

긍휼히 여기는 마음

잠깐 당신의 손을 한번 보기 바란다. 손등에서 손바닥으로. 손가락도 눈여겨 보라. 손가락 마디마디를 매만져 보라.

누군가 당신의 손에 대해 다큐멘터리 영화를 찍는다면 어떻게 될까? 제작 자가 당신의 사연을 소개하되 당신의 손의 일생을 바탕으로 한다면? 우리는 무엇을 보게 될까? 누구나 마찬가지겠지만 영화는 갓난아이의 꼭 쥔 주먹으 로 시작될 것이다. 이어 엄마의 손가락을 붙들고 있는 조그마한 손이 클로즈 업 되리라. 그 다음은? 걸음마를 배우느라 의자를 붙잡는 손? 혼자 먹는 법 을 배우느라 숟가락을 놀리는 손?

그리 오래지 않아 우리는 당신의 손에 애정이 담긴 모습을 보게 되리라. 아빠의 얼굴을 어루만지거나 강아지를 토닥여 주는 손. 역시 오래지 않아 당 신의 손이 공격의 도구가 되는 모습도 보게 되리라. 형을 밀치거나 장난감을 홱 잡아 뺏는 손. 우리 모두는 손의 용도가 생존 그 이상의 것이라는 사실을 일찍부터 알고 있다. 손은 감정을 표현하는 도구다. 똑같은 손으로 도움을 줄 수도 있고 상처를 줄 수도 있다. 내뻗을 수도 있고 움켜쥘 수도 있다. 사람을 받쳐 올릴 수도 있고 밀쳐 내릴 수도 있다.

당신의 다큐멘터리 영화를 친구들에게 보여준다면 그 안에는 분명 자랑스러운 순간들이 있을 것이다. 선물을 건네 주고, 상대의 손가락에 반지를 끼워 주고, 상처를 싸매 주고, 식사를 차려 주고, 가지런히 기도하던 손. 한편 그와는 다른 장면들도 있으리라. 남에게 손가락질하며 주먹을 휘두르던 손. 주기보다는 받는 데, 베풀기보다는 요구하는 데, 사랑하기보다는 상처주는 데 익숙하던 손. 오, 손의 위력이여! 제 멋대로 놓아 두면 흉기로 둔갑한다. 권력 때문에 타인을 할퀴고, 나 먹고 살려고 이웃을 누르며, 쾌락을 찾아 남을 유혹하는 도구가 된다. 하지만 잘만 관리하면 우리의 손은 은혜의 도구가 된다. 하나님의 손에 놓여진 도구 정도가 아니라 아예 **하나님 자신의 손**이 된다. 하나님께 내어드릴 때 우리의 열 손가락은 그야말로 천국의 손이 된다.

예수님이 그렇게 하셨다. 우리 주님은 그 손을 철저히 하나님께 내어드렸다. 그분의 손의 다큐멘터리 영화에는 욕심부리며 움켜쥐거나 부당하게 손가락질하는 장면이 전혀 없다. 오직 그분의 동정 어린 손길을 갈구하는 이들의 장면만이 끊임없이 이어질 뿐이다. 아이들을 안고 온 부모들, 두려움 중에 나아온 가난한 이들, 슬픔을 짊어진 죄인들. 일단 나아온 사람은 모두가 그분의 만지심을 입었다. 그리고 만지심을 입은 사람은 모두가 변화되었다. 그렇게 주님의 만지심을 입어 변화된 사람들 중 가장 극적인 경우는 뭐니뭐니해도 마태복음 8장에 나오는 무명의 문둥병자일 것이다.

예수께서 산에서 내려오시니 허다한 무리가 좇으니라. 한 문둥병자가 나아와 절하고 가로되 주여, 원하시면 저를 깨끗케 하실 수 있나이다 하거늘 예수께서 손을 내밀어 저에게 대시며 가라사대 내가 원하노니 깨끗함을 받으라 하신대 즉시 그의 문둥병이 깨끗하여진지라. 예수께서 이르시되 삼가 아무에게도 이르지 말고 다만 가서 제사장에게 네 몸을 보이고 모세의 명한 예물을 드려 저희에게 증거하라 하시니라(마 8:1-4).

마가와 누가도 똑같은 기사를 전하고 있다. 그러나 세 기자 모두에게 미안한 말이지만 누구의 기록도 내용이 충분치 않다. 남자의 병명과 결단은 나와 있지만 그 나머지는? 그냥 의문으로 남아 있을 뿐이다. 이름도 과거 이력도 인물 묘사도 복음서 기자들은 전혀 들려주지 않고 있다.

철저히 버림받은 인생

이따금씩 나는 호기심에 이끌려 마음껏 상상의 나래를 펼 때가 있다. 여기서도 한번 그래볼까 한다. 예수님의 긍휼의 손길을 입었던 이 남자에 대해 마음껏 상상의 나래를 펴보려는 것이다. 그는 한번 등장하고 한번 부탁하여 한번 만지심을 입는다. 그러나 그 한번의 만지심이 그의 삶을 영원히 바꿔 놓았다. 그의 사연은 이런 것이 아니었을까?

지난 5년 동안 아무도 내게 손을 댄 사람이 없었다. 아무도. 단 한 사람도. 내 아내도. 내 자식도. 친구들도. 아무도 내게 손을 대지 않았다. 그들은 나를 보았다. 내게 말도 했다. 나는 그들의 말소리에서 사랑을 느꼈다. 그들의 눈빛에서 관심을 보았다. 그러나 그들의 촉감은 느낄 수 없었다. 손길이 닿은 일이 전혀 없었다. 단 한 차례도. 아무도 내게 손을 대지 않았다.

다른 이들에게는 흔해 빠진 일들을 나는 턱없이 탐냈다. 악수. 따뜻한 포옹. 어깨를 툭 쳐서 날 불러 주는 것. 마음을 훔치는 입맞춤. 나의 세계에서 사라져 버린 순간들이었다. 아무도 내게 손을 대지 않았다. 아무도 내 몸에 부딪치는 일도 없었다. 무리 속에 섞여 들어 몸을 부딪치며 어깨를 비비댈 수만 있다면 이 세상 어떤 일도 마다하지 않았으리라. 그러나 꼬박 5년 동안 그런 일은 일어나지 않았다. 당연한 일 아닌가. 나는 거리에 나다녀서는 안되었다. 랍비들조차도 나에게 거리를 두었다. 나는 회당에 들어가는 것도 허용되지 않았다. 우리 집에서도 나를 반겨 주지 않았다.

나는 그야말로 접촉해서는 안될 대상이었다. 문둥병자였다. 아무도 내게 손을 대지 않았다. 오늘까지.

내가 이 남자의 사연을 상상해 보는 것은 신약시대에 문둥병이 가장 무서운 병이었기 때문이다. 문둥병은 온몸이 패여 문드러지는 병이다. 손가락은 꼬부라져 비틀어진다. 살갗의 검버섯은 색깔이 흐려지면서 악취를 풍긴다. 문둥병의 유형 중에는 말초신경이 마비돼 손가락, 발가락은 물론 손발이 통째로 떨어져 나가는 것이 있다. 문둥병과 죽음은 한 치 건너였다.

신체적 영향 못지 않게 사회적 결과도 심각했다. 문둥병은 전염병으로 통했기 때문에 문둥병자는 문둥병자 거주지로 추방, 격리되었다.

성경에서 문둥병자는 철저히 버림받은 자들의 상징이다. 원치 않는 병에 걸려 아는 사람들한테 거부당하고 모르는 이들한테 외면당한 채 감당할 수 없는 미래의 운명을 선고받은 이들. 이렇게 버림받은 이들마다 기억에서 결코 지울 수 없는 한 날이 있었을 것이다. 전혀 딴 세상을 살게 되리라는 청천벽력 같은 사실 앞에 마주서야 했던 그날.

어느 해 추수철, 낫을 쥔 손이 왠지 힘이 없었다. 손가락 끝에 감각이 오지 않았다. 처음엔 한 손가락이 그러더니 점차 다른 손가락도 그랬다. 조금 지나서는 아예 기구를 손에 쥐어도 거의 느껴지지 않았다. 환절기가 되면서 감각을 완전히 잃어버렸다. 손잡이를 쥐고 있는 손이 꼭 남의 손 같았다. 감각이 사라졌다. 아내에게 아무 말도 하지 않았지만 아내도 낌새를 채고 있을 터였다. 어떻게 모를 수가 있겠는가? 마치 상처 입은 새처럼, 내 몸에 달린 손이 몸과 따로 놀았다.

어느 날 오후 세수를 하려고 대야에 손을 담갔다. 물이 붉은빛으로 변했다. 손가락에서 피가 나고 있었다. 피가 철철 흘렀다. 나는 다친 줄도 몰랐다. 어떻게 손을 벤 것일까? 칼에? 날카로운 쇳날에 스친 것일까? 그랬겠지. 그러나 감각이 전혀 없었다.

"당신 옷에도 묻었어요." 아내가 부드럽게 말했다. 아내는 내 뒤에 있었다. 아내를 보기 전 나는 내 옷에 묻은 붉은 핏방울을 보았다. 그렇게 내 손을 쳐다보며 대야 앞에서 도대체 얼마를 서 있었던 것일까. 내 인생이 완전히 뒤바뀌고 있음을 느낄 수 있었다.

"제사장에게 보고하러 갈 때 저도 함께 갈까요?" 아내가 물었다.

"아니오. 혼자 가겠소." 한숨이 나왔다.

나는 돌아서 아내의 젖은 눈을 보았다. 아내 옆에는 세 살 난 딸아이가 서 있었다. 나는 몸을 구푸려 딸아이의 얼굴을 쳐다보며 말없이 뺨을 어루만져 주었다. 무슨 말을 하랴? 다시 일어서 아내를 보았다. 아내는 내 어깨에 손을 얹었다. 나 또한 아직 성한 손으로 아내의 어깨에 손을 대었다. 그것이 우리의 마지막 접촉이 될 것이었다.

그 뒤 5년이 지나도록 아무도 내게 손을 대지 않았다. 오늘까지.

제사장은 나를 만지지 않았다. 그는 천으로 둘둘 말린 내 손을 쳐다보았다. 슬픔에 잠겨 있는 내 얼굴을 바라보았다. 그날 들은 말에 대해 그를 탓해 본 적은 한번도 없다. 그는 그저 규정대로 하고 있었을 뿐이다. 제사장은 입을 가리고 손바닥을 앞으로 하여 손을 내민 뒤 나에게 말했다. "부정하다." 그 한마디 선언으로 나는 가족과 농장과 미래와 친구를 잃었다.

아내는 옷 보따리와 빵과 동전을 들고 성문으로 나를 찾아왔다. 아내는 말이 없었다. 친구들도 모였다. 그들의 눈 속에서 내가 본 것은 그 뒤로 모든 이들의 눈 속에서 본 것의 전조와 같았다. 두려움 반 연민 반의 그 눈빛. 내가 다가서자 그들은 물러섰다. 내 병에 대한 두려움이 내 마음에 대한 연민보다 컸던 것이다. 그렇게 그들은, 그리고 이후로 내가 만난 모든 이들은 뒷걸음질을 쳤다.

문둥병자를 추방하는 것은 가혹하고 불필요한 일처럼 보인다. 그러나 병자를 격리시키는 것은 고대 중동의 문화만은 아니다. 격리 거주지를 만들거나 병자 앞에서 입을 가리지는 않을지 몰라도 우리 역시 분명히 벽을 쌓고 눈을 돌린다. 거창하게 문둥병이 있어야만 따돌림을 받는 것도 아니다.

내 슬픈 기억 중 하나는 4학년 때 친구인 제리에 대한 것이다.[1] 제리와 우리 대여섯 명은 늘 놀이터에 함께 붙어 살았다. 어느 날 나는 제리와 같이 놀려고 그 집에 전화를 걸었다. 술취한 사람이 전화를 받더니 다짜고짜 욕을 해대며 오늘이고 언제고 제리는 밖에 못나간다고 내게 엄포를 놓았다. 나는 그 일을 친구들에게 말했다. 친구 중 하나가 제리의 아버지는 알코올 중독이라고 말했다. 당시에는 나도 그 말뜻을 몰랐겠지만 금방 알게 되었다. 2루수 제리. 빨간 자전거를 타던 제리. 모퉁이집에 살던 내 친구 제리. 그가 "술주정뱅이의 아들 제리"로 바뀌는 순간이었다. 아이들은 매정할 수 있다. 왠지 모르지만 우리도 제리에게 매정했다. 제리는 병자였다. 문둥병자처럼 제리도 자기 잘못도 아닌 조건 때문에 고생했다. 문둥병자처럼 제리도 동네 밖으로 내몰렸다.

이혼한 사람들은 이 기분을 안다. 장애인들도 안다. 실직자들도 겪어 보았고 못 배운 이들도 당해 보았다. 어떤 사람들은 미혼모를 피한다. 우리는 우울한 이들을 경원시하고 불치병 환자를 외면한다. 이민자 타운, 노인 요양소, 정신지체아 학교, 중독자 센터, 범죄자 감옥이 따로 있다.

나머지 사람들은 단순히 이 모든 것을 피하려 한다. 지금도 제리처럼 자진 유배의 삶—거절에 대한 두려움과 마지막 접근 시도 때의 아픈 기억에 사로잡혀 조용히 외롭게—을 살아가는 이들이 얼마나 많은지 하나님만이 아실 것이다. 이들은 다시 상처를 받으니 차라리 아예 접촉을 피하는 쪽을 택한다.

아, 나를 보는 사람들의 눈빛이 얼마나 싫었던가. 문둥병 5년에 양손이 뭉툭해졌다. 손가락 끝이 떨어져 나갔고 한쪽 귀와 코도 살점이 떨어져 나갔다. 나를 보면 아버지들은 자식들을 붙들었다. 어머니들은 얼굴을 가렸다. 아이들은 손가락질하며 쳐다보았다.

문드러진 상처는 몸에 걸친 누더기로 가릴 수 없었다. 눈 속의 분노 또한 얼굴을 두른 수건으로 가릴 수 없었다. 아예 분노를 숨기려 하지도 않았다. 말없는 하늘에 흉측해진 주먹을 휘두르며 하소연하던 밤이 얼마나 많았던가? "도대체 내가 무슨 짓을 했다고 이래야 합니까?" 그러나 한번도 대답은 없었다.

내가 죄를 지었다고 생각하는 사람들도 있고 우리 부모가 죄를 지었다고 생각하는 사람들도 있다. 나도 모른다. 내가 아는 거라고는 모든 것이 정말 지긋지긋해졌다는 것이다. 격리지역 악취 구덩이에서 자는 것도 지겹다. 사람들에게 내 존재를 알리기 위해 목에 달아야 하는 저주스러운 방울도 넌더리난다. 그따위 방울이 필수품이라도 되는 것처럼. 한번 누가 쳐다보기만 해도 광고가 시작된다. "부정하다! 부정하다! 부정하다!"

몇 주 전 감히 우리 동네까지 걸어가 보았다. 동네 안으로 들어갈 생각은 전혀 없었다. 그저 우리 밭을 다시 한번 보고 싶었다. 우리 집을 다시 한번 보고 싶었다. 행여라도 아내의 얼굴을 보고 싶었다. 아내는 보이지 않았다. 그러나 풀밭에서 노는 아이들 몇이 보였다. 나는 나무 뒤에 숨어 아이들이 뛰고 달리는 모습을 지켜보았다. 얼굴이 어찌나 해맑고 웃음이 어찌나 마음을 끌던지 한순간, 정말 그 한순간 나는 더 이상 문둥병자가 아니었다. 나는 농부였다. 아버지였다. 남자였다.

나는 아이들의 행복에 도취돼 나도 모르게 나무 뒤에서 걸어 나와 등을 꼿꼿이 펴고 심호흡을 했다…그때 아이들이 나를 보았다. 뒤로 물러설 겨

를도 없이 아이들 눈에 띄고 말았다. 아이들은 비명을 질렀다. 그리고 뿔뿔이 흩어졌다. 다들 떠난 자리에 꼭 한 아이가 우두커니 남아 있었다. 아이는 동작을 멈추고 나 있는 쪽을 쳐다보았다. 나도 모른다. 확실히 말할 수 없다. 그러나 그 아이는 내 딸 같았다. 꼭 내 딸 같았다. 나도 모른다. 확실히 말할 수 없다. 그러나 그 아이는 아버지를 찾고 있는 것 같았다.

내가 오늘 이런 행동을 하게 된 것도 바로 아이의 그 눈빛 때문이다. 물론 무모한 일이었다. 모험이었다. 하지만 이 마당에 나한테 손해날 것이 뭐 있겠는가? 그는 자칭 하나님의 아들이다. 문둥병자의 주제넘은 하소연에 나를 죽이든지 아니면 내 부탁을 들어주어 병을 고쳐 주든지 둘 중 하나겠지, 그게 내 생각이었다. 그에게 가는 내 태도는 사뭇 도전적이었다. 나를 움직인 것은 믿음이 아니라 절망에 찬 분노였다. 내 몸에 이 재앙을 내린 것은 하나님이니 하나님의 아들이 고치든 결딴을 내든 알아서 하겠지.

그러다 나는 그분을 보았다. 그리고 그분을 보는 순간 나는 변했다. 알다시피 나는 시인이 아니라 농부다. 내가 본 모습을 마땅히 표현할 길을 나는 모른다. 이것만은 말할 수 있다. 유대의 아침은 때로 너무 싱그럽고 일출이 장관이어서 그저 그 아침을 바라보는 것만으로도 전날의 더위와 과거의 상처를 다 잊어버리고 만다. 그분의 얼굴 속에서 나는 유대의 아침을 보았다.

그분이 입을 떼시기도 전에 나는 그분의 사랑을 알았다. 그분이 이 병을 나 못지않게, 아니 나보다 더 미워하고 계심을 왠지 알 것 같았다. 나의 원한은 믿음이 되었고 나의 분노는 희망이 되었다.

돌 뒤에서 나는 그분이 산에서 내려오는 것을 보았다. 수많은 사람들이 뒤따르고 있었다. 나는 그분이 몇 발자국 사이로 가까워질 때까지 기다렸다. 그리고 앞으로 나갔다.

"주여!"

그분은 걸음을 멈추고 나를 바라보았다. 여남은 명 다른 사람들도 나를 보았다. 두려움의 물결이 무리를 훑고 지나갔다. 여기저기서 팔이 얼굴로 올라갔다. 아이들은 부모 뒤로 숨었다. "부정하다!" 누군가 소리쳤다. 나는 그들을 욕하지 않는다. 내 모습은 산송장이나 다를 바 없었다. 그런데 그들의 말이 들리지 않았다. 그들의 모습이 보이지 않았다. 겁에 질린 그런 모습은 수천 번도 더 본 것이었다. 그러나 그분의 긍휼은 한번도 보지 못한 것이었다. 모두가 뒷걸음질쳤지만 그분만은 아니었다. 그분은 내 앞으로 다가왔다. 내 앞으로.

5년 전 아내가 내 앞으로 다가왔었다. 내 앞으로 온 것은 아내가 마지막이었다. 그런데 지금 그분이 내 앞으로 왔다. 나는 움직이지 않았다. 다만 이렇게 말했을 뿐이다. "원하시면 저를 깨끗게 하실 수 있나이다." 그분이 말 한마디로 나를 깨끗게 하셨다 해도 나는 감격을 이기지 못했을 것이다. 그분이 기도로 나를 깨끗게 하셨다 해도 나는 기뻤을 것이다. 그러나 그분은 나에게 말하는 것으로 만족하지 않으셨다. 그분은 내 곁으로 왔다. 그리고 나에게 손을 댔다. 5년 전 아내가 내 몸에 손을 댔었다. 그 뒤로 아무도 내게 손을 대지 않았다. 오늘까지.

"내가 원하노니 깨끗함을 받으라!" 그분의 말은 그 손의 감촉만큼이나 부드러웠다.

밭고랑으로 물이 흐르듯 내 몸에 기운이 밀려들었다. 그리고 그 순간,

바로 그 순간, 마비됐던 부위에 온기가 느껴졌다. 말라비틀어진 부위에 힘이 느껴졌다. 구부렸던 등을 펴고 고개를 들었다. 그분의 허리께 머물던 내 눈으로 이제 그분의 얼굴을 보게 되었다. 그분의 미소 띤 얼굴을.

그분은 손을 오므려 내 귓전에 댄 뒤 바짝 곁으로 다가왔다. 어찌나 가깝던지 그분의 따뜻한 호흡과 젖은 눈빛을 그대로 느끼고 볼 수 있었다. "삼가 아무에게도 이르지 말고 다만 가서 제사장에게 네 몸을 보이고 모세의 명한 예물을 드려 저희에게 증거하라."

그래서 나는 지금 거기 가고 있는 중이다. 가서 제사장에게 내 몸을 보이고 그를 끌어안을 참이다. 아내에게 내 몸을 보이고 아내를 끌어안을 것이다. 딸아이를 번쩍 들어 올려 끌어안아 줄 것이다. 그리고 더러운 내 몸에 손을 댄 그분을 나는 영원히 잊지 않을 것이다. 그분은 말 한마디로도 나를 고칠 수 있었다. 그러나 그분은 단순한 치료 이상의 것을 나에게 주기 원했다. 나를 존중하고 내 가치를 인정하며 내게 신앙을 주기 원했다. 생각해 보라…사람도 손대지 않던 무가치한 자가 하나님의 만지심을 입는 존귀한 자가 되었으니.

신앙의 손길의 위력

알다시피 손을 댔기 때문에 병이 나은 것은 아니다. 마태는 병을 고친 것이 그리스도의 손이 아니라 선포의 말씀임을 분명히 밝히고 있다. "예수께서 손을 내밀어 저에게 대시며 가라사대 내가 원하노니 깨끗함을 받으라 하신대 즉시 그의 문둥병이 깨끗하여진지라"(마 8:3).

질병은 예수님의 말씀 한마디로 사라졌다.

그러나 외로움은 예수님의 손길로 치유되었다.

아, 신앙의 손길의 위력이여! 당신도 알지 않는가? 당신을 치료해 준 의사. 당신의 눈물을 닦아 준 교사. 장례식 때 당신의 손을 잡아 주던 손. 어려울 때 어깨를 감싸 주던 또 다른 손. 새 직장에 갔을 때 반겨 주던 악수. 병 낫기를 위한 목사의 기도. 신앙의 손길의 위력을 우리도 알고 있지 않은가?

우리도 똑같이 베풀 수 없을까?

이미 하고 있는 이들도 많다. 주님 자신의 성숙한 치유의 손길을 베푸는 이들도 있다. 그 손으로 병자를 위해 기도하고 연약한 자를 섬긴다. 직접 만나 만져 주지 못하는 이들은 그 손으로 편지를 쓰고 전화를 걸고 파이를 굽기도 한다. 한번의 손길의 위력을 당신도 배웠다.

그러나 우리 중에는 곧잘 잊어버리는 이들도 있다. 마음은 원이로되 기억이 안날 뿐이다. 한번의 손길이 얼마나 요긴할 수 있는지 우리는 망각한다. 말이나 어조나 행동에서 혹 잘못하면 어쩌나 몸을 사린다. 엉성하게 하느니 아예 손을 떼버린다.

예수님이 같은 실수를 범하지 않으셨으니 얼마나 다행인가! 잘못할까 두려워 아예 아무것도 안 하는 사람이 있다면, 세상의 문둥병자들의 처지를 마음에 새길 필요가 있다. 그들은 이것저것 고르지 않는다. 까다롭지 않다. 다만 외로울 뿐이다. 그들은 신앙의 손길을 애타게 기다리고 있다.

예수님은 세상의 접촉해서는 안될 대상을 만져 주셨다. 당신도 똑같이 하겠는가?

너희는 도를 행하는 자가 되고 듣기만 하여
자신을 속이는 자가 되지 말라.
누구든지 도를 듣고 행하지 아니하면
그는 거울로 자기의 생긴 얼굴을 보는 사람과 같으니
제 자신을 보고 가서 그 모양이 어떠한 것을
곧 잊어버리거니와.

야고보서 1:22-24

4. 하나님의 음악 듣기
듣는 마음

"귀 있는 자는 들을지어다."

예수님이 여러 번 하신 말씀이다. 이 말씀은 4복음서와 요한계시록에 각각 여덟 번씩 등장하여[1] 귀가 있는 것만으로 충분치 않고 그 귀를 사용해야 함을 우리에게 일깨우고 있다.

어느 비유에서[2] 예수님은 우리의 귀를 땅에 비교하셨다. 그분은 네 종류의 땅(우리의 귀를 상징)에 씨(말씀을 상징)를 뿌린 어느 농부의 이야기를 들려주셨다. 우리 중 어떤 이들의 귀는 딱딱한 길과 같아서 씨를 받아들이지 못한다. 또 어떤 이들의 귀는 돌밭과 같아서 말씀을 듣긴 듣지만 뿌리를 내리지 못한다. 다른 이들의 귀는 가시떨기가 웃자란 잡초밭 같아서 씨가 자라나기에 너무나 경쟁 세력이 많다. 마지막으로 어떤 이들의 귀는 듣는 귀이다. 따로 구별하여 잘 갈아 놓은 밭이라 하나님의 음성을 들을 만반의 준비가 되어 있다.

네 경우 모두 씨는 똑같다는 사실에 주의하기 바란다. 뿌리는 이도 똑같다. 말씀이나 말씀을 전달하는 자가 다른 것이 아니다. 듣는 자가 다를 뿐이다. 비유에 나타난 비율에 의미가 있다면 세상의 3/4은 하나님의 음성을 듣지 않고 있는 셈이다. 딱딱한 가슴, 피상적인 삶, 불안한 마음. 이유야 어디에 있든 우리 중 75%는 말씀을 놓치고 있다.

그렇다고 우리에게 귀가 없는 것은 아니다. 귀를 사용하지 않을 뿐이다.

성경은 하나님의 음성을 듣는 일을 언제나 중시하고 있다. 사실 모세를 통해 주신 하나님의 지상계명도 바로 그 말로 시작된다. "이스라엘아 들으라 우리 하나님 여호와는 오직 하나인 여호와시니"(신 6:4). 느헤미야와 뭇백성이 귀감이 되는 것은 "율법책에 귀를 기울였기"(느 8:3) 때문이다. 잠언 8:34은 "누구든지 내게 들으며…기다리는 자는 복이 있나니"라고 약속하고 있다. 예수님은 우리에게 양의 듣는 귀를 배우라 말씀하신다. "양은 그의 음성을 듣나니…양들이 그의 음성을 아는 고로 따라오되 타인의 음성은 알지 못하는 고로 타인을 따르지 아니하고 도리어 도망하느니라"(요 10:3-5). 요한계시록의 일곱 교회가 한결같이 들은 말씀은 이것이다. "들을 귀 있는 자는 성령이 교회들에게 하시는 말씀을 들을지어다."[3]

눈과는 달리 귀에는 꺼풀이 없다. 늘 열려 있게 되어 있다. 그러나 우리의 귀는 얼마나 쉽게 닫히는가.

언젠가 아내와 함께 짐가방을 사러 나간 일이 있다. 한 가게에서 맘에 드는 물건을 찾아냈다. 우리는 점원에게 다른 가게에 가 값을 비교해 보겠다고 말했다. 점원은 내게 자기 명함을 갖고 가겠느냐고 물었다. 나는 그에게 말했다. "괜찮습니다. 밥(Bob). 당신 이름은 기억하기 쉬우니까요."

그러자 그가 대답했다. "제 이름은 조우(Joe)입니다."

그 사람 말을 들으면서도 실은 듣고 있지 않았던 것이다.

빌라도도 듣지 않았다. 그의 귀는 듣지 못하는 귀의 전형이었다. 빌라도는 아내로부터 "저 옳은 사람에게 아무 상관도 하지 마옵소서"(마 27:19)라는 경고를 들었을 뿐 아니라, 생명의 말씀께서 친히 그 방에서 마주서서 "무릇 진리에 속한 자는 내 소리를 듣느니라"(요 18:37) 하고 선포하심도 들었다. 그러나 빌라도는 솔깃한 말만 가려서 들었다. 백성의 소리가 양심의 소리와 예수님의 소리를 이기게 한 것이다. "저희의 소리가 이긴지라"(눅 23:23).

결국 빌라도의 귀는 그리스도를 멀리한 채 무리에게로 향했다. 메시아의 말씀을 무시한 것이다. "믿음은 들음에서 난다"(롬 10:17). 빌라도는 듣지 않았기 때문에 영영 믿음을 얻지 못하고 말았다.

"들을 귀 있는 자는 들을지어다." 당신의 청력은 검사한 지 얼마나 됐는가? 하나님이 당신에게 씨를 뿌리실 때 그 결과는 무엇인가? 당신이 하나님의 음성을 얼마나 잘 듣는지 점검하기 위해 한두 가지 질문을 던져 보려 한다.

하나님께 당신을 소유할 기회를 드린 적이 언제인가?

글자 그대로 **소유할** 시간 말이다. 하나님의 음성을 듣느라 그분께 분산되지 않고 방해받지 않는 시간을 떼어 드린 일이 언제인가? 예수님은 분명 그러셨다. 그분은 하나님과 시간을 보내고자 각방의 노력을 기울이셨다.

성경에서 예수님의 "듣는 삶"을 자세히 살펴보면 한 가지 분명한 유형이 떠오른다. 그분은 꾸준히 하나님과 시간을 보내셨다. 기도하고 들으셨다. 마가는 말한다. "새벽 오히려 미명에 예수께서 일어나 나가 한적한 곳으로 가사 거기서 기도하시더니"(막 1:35). 누가는 이렇게 말한다. "예수는 자주 한 적한 곳으로 물러가 기도하셨다"(눅 5:16, NIV).

뻔한 질문을 던져 보자. 인류의 죄 없는 구주시요 하나님의 아들이신 예수께서 기도시간 확보를 이렇게 중시하셨다면 우리도 그 길을 따르는 것이 현명하지 않겠는가?

예수님은 기도로 하나님과 꾸준히 시간을 보내셨을 뿐 아니라 하나님의 말씀에도 꾸준히 시간을 들이셨다. 물론 예수께서 가방에서 가죽표지 신약성경을 꺼내 읽으시는 장면은 없다. 그러나 광야에서 한참 시험받으실 때 하나님의 말씀으로 사탄을 대적하는 장면에서 우리는 예수님의 훌륭한 모본을 접할 수 있다. 세 차례 시험을 받으실 때마다 그분은 "기록하기를(혹은 말씀하기를)"(눅 4:4, 8, 12)이라는 말에 이어 성경구절을 인용하여 사탄의 공격을 물리치신다. 그분은 성경을 통달하고 있다. 구절을 아실 뿐 아니라 적용방법까지 아신다.

한번은 예수께서 회당에서 성경 낭독을 맡으신 일이 있다. 누군가 선지자 이사야의 책을 드리자 그분은 본문을 찾아 읽으신 뒤 이렇게 선포하신다. "이 글이 오늘날 너희 귀에 응하였느니라!"(눅 4:21) 우리는 여기서 성경 내용에 정통하고 있고 그 성취를 인식할 줄 아는 이의 모습을 본다. 예수께서 성경 통달을 옳은 길로 보셨다면 우리도 그 길을 따라야 하지 않을까?

예수님처럼 되려는—하나님의 음성을 듣는 귀를 가지려는—우리가 본받아야 할 두 가지 소중한 습관을 이제 막 살펴보았다. 하나는 기도하는 습관이요 하나는 성경을 읽는 습관이다. 다음 구절들을 생각해 보라.

- 그리스도를 향한 소망을 복의 기초로 삼으라. 시련이 닥치면 인내로 견디라. **기도의 습관을 꾸준히 지키라**(롬 12:12, 필립스역).
- 온전한 법, 자유의 법을 들여다보고 그것을 실천하는 습관을 기르는 자는 듣고 잊어버리는 자가 아니라 그 법을 실행하여 참된 복을 얻는 자다(약 1:25, 필립스역).

예수님처럼 되기 원한다면 우리도 하나님께 말씀드리고 그분의 말씀을 듣는 데 꾸준히 시간을 내야 한다.

대리 신앙

잠깐만! 그러지 말라. 일부 독자들의 반응을 나는 정확히 알고 있다. 당신은 나를 외면하고 있다. 루카도 말은 결국 큐티 얘기 아냐? 잠깐 한눈 팔 수 있는 좋은 기회로군. 냉장고에 먹을 게 뭐가 있더라?

선뜻 내키지 않는 마음, 충분히 이해가 간다. 큐티를 해봤지만 별로 성과를 못 본 이들도 있다. 집중이 안되는 이들도 있다. 거기다 우리는 다 바쁘다. 그러니 직접 하나님과 시간을 보내며 그 음성을 듣기보다는 다른 사람들이 한 큐티 내용에서 유익을 얻으면 되지 않는가? 하나님이 뭐라고 말씀하시는지 그 사람들이 우리한테 말해 주면 되지 않는가? 사실 설교자들한테 월급을 주는 이유가 무엇인가? 기독교 서적을 읽는 이유가 무엇인가? 여기 큐티를 잘하는 사람들이 있다. 나는 그 사람들한테서 배우면 된다.

당신의 생각이 그렇다면, 당신의 신앙체험이 직접적인 것이 아니라 간접적인 것이라면 나는 당신에게 이런 도전을 주고 싶다. 인생의 다른 부분들에 대해서도 당신은 그런 식으로 하는가? 그렇지 않을 것이다.

휴가라면 그런 식으로 안할 것이다. "짐 꾸리랴 왔다갔다 하랴 휴가도 귀찮은 일이야. 딴 사람을 대신 보내야지. 그 사람이 돌아오면 다 들으면 되지. 모든 불편을 피해 갈 수 있잖아." 당신이라면 그러겠는가? 말도 안된다! 당신이 원하는 것은 직접 경험이다. 직접 보고 직접 쉬는 것이다. 남이 대신해 줄 수 없는 일이 있는 법이다.

사랑이라면 그렇게 안할 것이다. "난 저 멋있는 사람을 사랑하고 있어. 하지만 사랑도 귀찮은 일이야. 대리 연인을 고용해 내 대신 낭만을 즐기게 해야지. 나중에 사연을 들으면 돼. 모든 불편을 피해 갈 수 있잖아." 당신이라면 그러겠는가? 천만의 말씀. 당신이 원하는 것은 직접 사랑하는 것이다. 한 번의 데이트, 한마디 말도 놓치고 싶지 않다. 정녕 키스를 놓치고 싶지는 않으리라. 남이 대신해 줄 수 없는 일이 있는 법이다.

먹는 일을 남에게 대신 맡길 수 있을까? "씹는 일은 정말 귀찮아. 턱이 너무 피곤해. 맛의 종류도 너무 많아. 사람을 써서 내 음식을 씹게 해야지. 그 사람이 씹어 주는 걸 나는 삼키기만 하면 돼." 당신이라면 그러겠는가? 비위 상하는 소리다. 말도 안된다! 남이 대신해 줄 수 없는 일이 있는 법이다.

그 일 중 하나가 바로 하나님과 시간을 보내는 일이다.

하나님 말씀을 듣는 것은 직접 경험이다. 하나님이 당신의 주목을 요하실 때 바라시는 것은 당신의 대리인이 아니다. 그분은 당신을 원하신다. 그 영광스런 휴가로 **당신**을 부르신다. 그 손의 감촉을 느끼도록 **당신**을 청하신다. 그 식탁에서 흡족히 먹도록 **당신**을 부르신다. 그분은 **당신**과 시간을 보내기 원하신다. 약간의 훈련만 따르면, 당신이 하나님과 보내는 시간은 하루 중 가장 복된 시간이 될 수 있다.

내 친구 하나가 오페라 소프라노 가수와 결혼했다. 여자는 콘서트를 아주 좋아한다. 대학시절을 온통 전공 공부에 바쳤고 어린 시절 기억도 악기나 합창단에 관한 것 일색이다. 반면 남자는 프로 스포츠나 컨트리 뮤직에 더 끌리는 쪽이다. 그래도 아내를 사랑하기에 가끔 오페라를 보러 간다. 두 사람이 똑같은 객석에 나란히 앉아 똑같은 음악을 듣지만 반응은 완전 딴판이다. 남자는 자고 여자는 운다.

둘의 차이가 비단 취향만은 아닐 것이다. 문제는 훈련이다. 여자는 음악 감상법을 터득하는 데 무수한 시간을 들였다. 남자 쪽은 그런 시간이 전무하다. 여자의 귀는 초정밀 기계처럼 민감하다. 남자는 스타카토와 레가토도 구별이 안된다. 그래도 그는 노력하고 있다. 지난번 나에게 콘서트 얘기를 할 때, 이제는 어떻게든 졸지 않고 깨어 있는 편이라고 했다. 영영 아내의 귀와 똑같은 귀는 갖지 못할지 모른다. 그러나 시간이 가면서 그는 음악을 듣고 감상하는 법을 배워 가고 있다.

듣는 법 배우기

우리도 그럴 수 있다고 나는 믿는다. 도구를 제대로 갖추면 우리도 하나님의 음성을 듣는 법을 배울 수 있다. 도구란 어떤 것들인가? 나에게 도움이 됐던 것들을 몇 가지 소개한다.

정해진 시간과 장소. 당신 일정의 한 토막과 당신 세계의 한 구석을 정하여 하나님을 위해 떼어 놓으라. 아침시간이 제일 좋은 이들도 있다. "아침에 나의 기도가 주의 앞에 달하리이다"(시 88:13). 다윗의 기도에 공감하며 저녁시간을 더 좋아하는 이들도 있다. "나의 손 드는 것이 저녁 제사같이 되게 하소서"(시 141:2). 하루 중 몇 번이고 수시로 만나는 것이 좋은 이들도 있다. 시편 55편 기자는 분명 그랬다. 그는 "저녁과 아침과 정오에 내가…탄식하리니"(17절)라고 썼다.

나무 밑에 앉는 이들도 있고 부엌에서 하는 이들도 있다. 출퇴근시간이나 점심시간이 적당할 수도 있다. 당신에게 맞는 시간과 장소를 찾으라.

시간을 얼마나 내야 할까? 필요한 만큼 내면 된다. 양보다는 질을 중시하라. 하나님과 함께 하는 시간은, 당신이 원하는 바를 말씀드릴 수 있고 하나님이 원하시는 바를 말씀하실 수 있을 정도로 충분해야 한다. 여기서 당신에게 필요한 두번째 도구가 나온다. 바로 **성경**이다.

하나님은 성경을 통해 우리에게 말씀하신다. 성경 읽기의 첫 단계는 깨닫게 해달라고 하나님께 기도하는 것이다. "보혜사 곧 아버지께서 내 이름으로 보내실 성령 그가 너희에게 모든 것을 가르치시고 내가 너희에게 말한 모든 것을 생각나게 하시리라"(요 14:26).

성경을 읽기 전 기도하라. 자기 생각을 찾아 성경을 읽지 말라. 하나님의 생각을 찾으라. 기도하며 성경을 읽으라. 그리고 심혈을 기울여 읽으라. 예수님은 말씀하셨다. "찾으라 그러면 찾을 것이요"(마 7:7). 하나님은 "그 율법을 주야로 묵상하는 자"(시 1:2)를 기뻐하신다. 성경은 대충 훑어보는 신문이 아니라 샅샅이 파들어가야 할 광산이다. "은을 구하는 것같이 그것을 구하며 감추인 보배를 찾는 것같이 그것을 찾으면 여호와 경외하기를 깨달으며 하나님을 알게 되리니"(잠 2:4-5).

여기 실제적인 측면이 있다. 성경을 한번에 조금씩 공부하라. 하나님은 말씀을 보내실 때도 만나를 내려주실 때와 같이 매번 하루 분량씩 주신다. 그분은 "경계에 경계를 더하며 경계에 경계를 더하며 교훈에 교훈을 더하며 교훈에 교훈을 더하되 여기서도 조금, 저기서도 조금" 하신다(사 28:10). 양보다 깊이를 택하라. 어느 한 구절이 당신 마음에 "와닿을" 때까지 읽다가 거기서 멈추고 그 구절을 묵상하라. 그 구절을 메모지에 옮겨 적거나 공책에 써두고 몇 번이고 다시 읽으라.

예를 들어 이 부분을 쓰던 날 아침 나의 큐티본문은 마태복음 18장이었다. 넉 절밖에 안되어 이 말씀을 만났다. "그러므로 누구든지 이 어린아이와 같이 자기를 낮추는 그이가 천국에서 큰 자니라." 더 이상 나갈 필요가 없었다. 나는 그 구절을 공책에 옮겨 쓴 뒤 하루 종일 몇 번이고 묵상했다. "어떻게 하면 좀더 어린아이 같아질 수 있습니까?" 하나님께 여러 번 여쭈었다. 하루가 끝날 즈음 그분은 내게 서두르는 습관과 염려하는 성향이 있음을 일깨워 주셨다.

하나님이 뜻하신 바를 과연 배울 수 있을까? 들으면 배울 수 있다.

성경을 읽어도 별 수확이 없다고 낙심하지 말라. 필요한 양이 적은 날도 있다. 어느 여자아이가 태어나서 처음 학교에 갔다 돌아왔다. 엄마가 물었다. "뭘 좀 배웠니?" 그러자 아이가 답했다. "별로요. 내일 또 가야 돼요. 그 다음날도 그 다음날도⋯."

배움이란 그런 것이다. 성경공부도 그런 것이다. 깨달음이란 평생 동안 매번 조금씩 오는 것이다.

하나님과 생산적인 시간을 보내는 데 필요한 세번째 도구가 있다. 우리에게는 정해진 시간과 성경만 필요한 것이 아니라 또한 듣는 마음이 필요하다. 야고보의 경고를 잊지 말라. "온전한 법, 자유의 법을 들여다보고 그것을 실천하는 습관을 기르는 자는 듣고 잊어버리는 자가 아니라 그 법을 실행하여 참된 복을 얻는 자다"(약 1:25, 필립스역).

우리가 성경에서 읽는 것과 다른 사람들이 우리의 삶 속에서 보는 것이 일치해야 비로소 우리는 하나님의 음성을 듣고 있는 것이다. 어느 바보가 유람선 여행광고를 본 이야기를 당신도 혹 들어봤을 것이다. 여행사 창문에는 이런 광고가 붙어 있었다. "유람선—현금 100불."

100불이야 나도 있지. 유람선도 타보고 싶고. 그는 생각했다. 그래서 안으로 들어가 소원을 밝혔다. 창구직원이 돈을 내라고 하자 바보는 돈을 세기 시작했다. 100불째 세는 순간 그는 머리를 세게 얻어맞고 기절하여 쓰러졌다. 깨어 보니 드럼통을 타고 강물을 떠내려가고 있었다. 다른 바보가 다른 드럼통을 타고 떠내려가며 그에게 물었다. "이봐요, 이 유람선에서 점심도 준답니까?"

그러자 바보가 답했다. "작년에는 안 줬는데요."

아예 모르는 것과 알면서도 거기서 배우지 않는 것은 전혀 다른 문제다. 바울은 독자들에게 자기로부터 배운 것을 실천에 옮기라고 촉구하고 있다. "너희는 내게 배우고 받고 듣고 본 바를 행하라"(빌 4:9).

당신이 예수님처럼 되고 싶거든 하나님께 당신을 소유할 기회를 드리라. 그분의 말씀을 듣는 데 시간을 내라. 그날의 교훈을 받을 때까지 읽으라. 그리고 적용하라.

당신의 청력을 검사하기 위한 질문이 하나 더 있다. 읽고, 당신이 얼마나 잘하고 있는지 점검해 보라.

하나님께 당신을 사랑할 기회를 드린 적이 언제인가?

지금이야 그러기에는 다들 너무 컸지만 내 딸들이 어렸을 때—기저귀를 차고 아기침대에서 잘 때—만 해도 내가 집에 돌아와 큰소리로 이름을 부르면 저마다 두 팔을 벌리고 괴성을 질러 대며 나한테 달려오곤 했다. 그러면 우리는 한동안 사랑의 언어를 나누었다. 방바닥을 구르며 배를 움켜쥐고 겨드랑이를 간질이며 웃고 놀았다.

우리는 서로 함께 있는 것이 기뻤다. 아이들은 "아빠, 놀자" 외에는 내게 요구하는 것이 없었고 나 역시 "망치로 아빠 때리면 안돼" 외에는 아이들에게 달리 할 것이 없었다.

아이들은 내게 자기들을 사랑해 줄 기회를 주었다.

만약 우리 아이들이 나를, 마치 우리가 종종 하나님을 대하듯 그렇게 대했다고 해보자. "아빠, 잘 오셨어요. 여기 내가 원하는 게 있어요. 장난감도 더 주고 사탕도 더 줘요. 그리고 이번 여름에 디즈니랜드도 갈 수 있는 거죠?"

"이런!" 나는 이렇게 말하고 싶었으리라. "나는 웨이터가 아니야. 그리고 여기는 식당이 아니야. 나는 너희 아버지야. 그리고 여기는 우리 집이야. 그냥 아빠 무릎에 기어올라 와 아빠가 너희를 얼마나 사랑하는지 말할 기회를 줄 수는 없는 거니?"

하나님도 당신에게 똑같이 말씀하시고 싶을지 모른다고 생각해 본 일이 있는가? 나한테야 그런 말씀 안 하시겠죠. 과연 그럴까? 그렇다면 "내가 무궁한 사랑으로 너를 사랑한다"(렘 31:3)는 말씀은 누구한테 한 것일까? "다른 아무 피조물이라도 우리를 우리 주 그리스도 예수 안에 있는 하나님의 사랑에서 끊을 수 없으리라"(롬 8:39)는 말씀은 장난으로 하신 것일까? 채굴의 손길이 뜸한 소선지서의 광산에 이런 보물이 묻혀 있다.

> 너의 하나님 여호와가 너의 가운데 계시니 그는 구원을 베푸실 전능자시라. 그가 너로 인하여 기쁨을 이기지 못하여 하시며 너를 잠잠히 사랑하시며 너로 인하여 즐거이 부르며 기뻐하시리라(습 3:17).

이 구절을 너무 빨리 읽지 말라. 깜짝 놀랄 각오를 하고 다시 한번 읽으라.

> 너의 하나님 여호와가 너의 가운데 계시니 그는 구원을 베푸실 전능자시라. 그가 너로 인하여 기쁨을 이기지 못하여 하시며 너를 잠잠히 사랑하시며 너로 인하여 즐거이 부르며 기뻐하시리라.

누가 능동적이고 누가 수동적인지 잘 보라. 즐거이 부르는 쪽은 누구고 잠잠히 받는 쪽은 누구인가? 사랑하는 이를 인하여 기쁨을 이기지 못하는 쪽은 누구이고 그 기쁨의 대상이 되는 쪽은 누구인가?

우리는 흔히 노래하는 쪽은 우리이고 하나님은 노래의 대상이라 생각한다. 물론 그럴 때도 많이 있다. 그러나 반대의 경우도 분명 있다. 하나님은 우리가 그저 잠잠히 있어 그분께 우리를 인하여 노래하실(생각만 해도 얼마나 감격스런 일인가!) 기회를 드리기 원하신다.

당신의 어색해하는 모습이 보인다. 당신은 그런 애정을 받을 자격이 없다는 말인가? 유다도 그런 자격 없었지만 예수님은 그의 발을 씻겨 주셨다. 베드로도 그런 자격 없었지만 예수님은 그에게 아침을 차려 주셨다. 엠마오로 가던 두 제자도 그런 자격 없었지만 예수님은 그들의 식탁에 함께 앉아 주셨다.

게다가 우리가 누구길래 스스로 자격 유무를 결정할 수 있단 말인가? 우리가 할 일은 그저 그분이 우리를 소유하고 사랑하실 수 있도록 충분히 그분 곁에 잠잠히 있는 것뿐이다.

음악이 들리는가?

예화 하나로 말을 맺으려 한다. 당신도 들어 봤을 것이다. 물론 내가 지금 말하는 방식으로 듣지는 않았을 것이다. 그러나 어쨌든 당신도 들은 얘기이다. 그 점이 분명한 것은, 예화 속에 당신이 등장하기 때문이다. 당신도 등장인물 중 한 사람이다. 음악 없이 춤춰야 했던 이들에 대한 이야기다.

음악 없이 춤을 춘다? 얼마나 어려운 일일지 상상이 가는가? 하루도 거르지 않고 그들은 대로변에서 약간 비켜서 있는 커다란 홀에 모였다. 남편과 아내를 데리고 왔다. 아이들을 데리고 왔다. 희망을 안고 왔다. 이들은 춤을 추러 왔다.

홀은 춤을 출 수 있도록 준비돼 있었다. 리본장식이 걸려 있었고 음료수도 가득 채워져 있었다. 사방 벽 앞으로는 의자가 가지런히 놓여 있었다. 사람들은 도착하여 자리에 앉았다. 자신들이 춤을 추러 온 것은 알았지만 음악이 없기에 어떻게 춰야 할지 모르고 있었다. 풍선도 있었고 케이크도 있었다. 뮤지션들이 연주할 수 있는 무대도 있었으나 뮤지션은 하나도 없었다.

한번은 어떤 호리호리한 친구가 뮤지션을 자처하며 나왔다. 배까지 닿는 수염에 멋진 바이올린이 과연 외관상 그런 냄새를 풍겼다. 그가 사람들 앞에 서서 케이스에서 바이올린을 꺼내 턱 밑에 갖다 대던 날 좌중은 모두 자리에서 일어났다. 이제야 춤을 추는구나. 그렇게 생각했지만 틀린 생각이었다. 그 사람의 바이올린은 줄이 하나도 없었다. 현을 밀고 당기는 소리가 꼭 기름 안 친 문짝이 삐걱거리는 소리 같았다. 누가 그런 소리에 맞춰 춤을 출 수 있겠는가? 춤추는 이들은 다시 자리에 앉았다.

어떤 이들은 음악 없이 춤을 춰보기도 했다. 한 여자가 한번 해보자며 남편을 설득했다. 둘은 홀 안으로 나섰으나 춤이 제각기 따로였다. 둘 다 노력은 가상했으나 전혀 어울리지 않았다. 남자의 춤은 파트너 없이 추는 탱고풍이었으나 여자는 발레리나처럼 빙빙 돌고 있었다. 이들의 신호를 따라하려는 자들이 몇 있었으나 아무 신호도 없었기 때문에 어떻게 따라해야 할지 다들 막막했다. 결국 여남은 명의 사람들이 음악 없이 종횡무진 춤을 추다 서로 부딪치는 바람에 몇몇 구경하던 사람들마저 다치지 않게 의자 뒤로 물러서야 했다.

시간이 흐르자 춤추던 이들도 지쳐 모두 다시 자리에 앉아 허공을 응시하며 무슨 일이 일어나기만 기다리고 있었다. 그러던 어느 날 과연 일이 일어났다.

그가 들어오는 것을 모두가 본 것은 아니다. 몇 사람만 보았을 뿐이다. 그는 외관상 시선을 끌 만한 것이 하나도 없었다. 평범한 인상이었으나 음악은 그렇지 않았다. 그는 노래를 부르기 시작했다. 부드럽고 감미로우며 애절하고 호소력 있는 노래를. 그의 노래는 냉랭한 기운을 몰아내고 사람들 마음에 여름날 지는 해 같은 불꽃을 지펴 놓았다.

그가 노래하자 사람들은—처음엔 몇 명, 차차 많이—일어서 춤을 추기 시작했다. 함께. 평생 들어 보지 못한 음악에 몸을 맡기며 춤을 추었다.

그러나 그냥 자리에 남아 있는 이들도 있었다. 무슨 뮤지션이 저렇단 말인가? 무대에도 오르지 않다니? 밴드도 데려오지 않다니? 의상도 없다니? 예술가란 저렇게 길거리에서 곧바로 들이닥치는 존재가 아니다. 그들에게는 기품이 있고 명성이 있으며 받들어 지켜야 할 상(像)이 있는 법이다. 저 친구는 자기 이름을 밝힐 생각도 없지 않은가!

"당신의 노래가 진짜 음악인지 우리가 어떻게 알 수 있단 말이오?" 그들은 따졌다.

그의 대답은 핵심을 찔렀다. "귀 있는 자는 들을지어다."

그러나 앉아 있는 자들은 듣기를 거부했다. 그리하여 춤추기도 거부했다. 아직도 많은 사람들이 거부하고 있다. 그 뮤지션은 여전히 찾아와 노래한다. 어떤 이들은 춤춘다. 어떤 이들은 추지 않는다. 어떤 이들은 평생의 음악을 발견한다. 어떤 이들은 침묵 속에 살아간다. 음악을 놓치는 이들에게 이 뮤지션이 주는 도전은 똑같다. "귀 있는 자는 들을지어다."

정해진 시간과 장소

성경

열린 마음

하나님께서 당신을 소유하게 하라. 하나님께서 당신을 사랑하게 하라. 그리고 당신의 마음에 전에 못 듣던 음악이 들려오기 시작하고 당신의 발이 전에 모르던 춤을 터득하게 될 때, 절대 놀라지 말라.

곧 내가 저희 안에, 아버지께서 내 안에 계셔
저희로 온전함을 이루어 하나가 되게 하려 함은
아버지께서 나를 보내신 것과
또 나를 사랑하심같이 저희도 사랑하신 것을
세상으로 알게 하려 함이로소이다.

요한복음 17 : 23

5. 보이지 않는 손에 이끌려

하나님께 취한 마음

하나님을 위해 일하기를 그만두고 하나님과 함께 일하기 시작할 때 그것은 참으로 놀라운 날이다. (다시 읽고 싶은가? 얼마든지 좋다.)

오래도록 나는 하나님을 후덕한 사장으로, 나 자신을 충직한 영업사원으로 생각했다. 하나님은 하나님대로 사무실이 있었고 나한테는 내 영역이 있었다. 나는 얼마든지 원하는 대로 그분을 찾아갈 수 있었다. 그분은 언제나 전화 한 통, 팩스 한 장으로 만날 수 있는 거리에 있었다. 그분은 나를 격려해 주시고 밀어 주시고 지원해 주셨으나 나와 함께 가지는 않으셨다. 적어도 나한테는 그렇게 생각됐다. 그러다 고린도후서 6:1을 읽게 됐다. 우리는 "하나님과 함께 일하는 자"이다.

함께 일하는 자? 동역자? 하나님과 내가 함께 일한다? 이 진리에서 창출되는 사고 전환을 상상해 보라. 우리는 하나님께 보고하는 것이 아니라 하나님과 **함께** 일한다. 출근 신고하고 내 방으로 가는 것이 아니라 함께 출근하여 그분의 뒤를 따른다. 우리는 언제나 하나님의 임재 가운데 있다. 일시라도 교회를 떠난 것이 아니다. 성스럽지 않은 순간은 하나도 없다! 그분의 임재는 결코 줄어들지 않는다. 그분의 임재에 대한 우리의 의식은 흔들릴 수 있으나 그분의 임재의 실체는 절대 변하지 않는다.

여기서 한 가지 중대한 의문이 생긴다. 하나님이 항상 임재하시는 분이라면 그분과 중단 없는 교제를 누리는 것도 가능한 일일까? 앞장에서 우리는 날마다 시간을 떼어 하나님과 함께 보내는 일의 중요성을 살펴보았다. 이제 그 개념을 한 걸음 더 깊이 발전시켜 보자. 아주 큰 보폭의 한 걸음이다. 하나님과의 교제에 아예 끝이 없다면? 하나님의 임재 안에—순간의 단위로—사는 것은 가능한 일일까? 그런 친밀함이 과연 가능한 것일까? 이런 의문으로 씨름하던 한 사람은 이런 글을 남겼다.

> 하나님과 그런 교류를 항상 유지할 수 있을까? 깨어 있는 동안 내내 그렇게 살다 잠들 때 그분 품 안에 잠들고 다시 깰 때 그분의 임재 안에 깰 수 있을까? 그 임재에 도달할 수 있을까? 항상 그분의 뜻을 행할 수 있을까? 항상 그분의 생각으로 생각할 수 있을까?…하나님이 언제나 내 마음에 거하실 수 있도록 내 생각의 흐름 속에 시시각각 주님을 다시 불러들일 수 있을까? 내 남은 인생을 이 질문의 답을 찾는 실험으로 삼으리라.[1]

프랭크 로바크(Frank Laubach)의 일기에 나오는 말이다. 1884년 미국에서 태어난 그는 문맹자들의 선교사가 되어 그들이 성경의 아름다움을 알 수 있도록 글을 깨우쳐 주었다. 그러나 이 사람이 내 마음을 사로잡는 것은 교육사역이 아니다. 그의 듣는 귀가 나를 매료한다. 자신의 신앙생활에 만족을

못 느끼던 로바크는 45세의 나이에 이런 결심을 한다. "하나님과 내적 대화를 쉬지 않고 그분의 뜻에 온전히 반응하며" 살기로 한 것이다.[2]

1930년 1월 30일자로 시작하여 그는 자신의 실험을 일기에 적었다. 나는 로바크의 글에 깊은 감명을 받았다. 여기 중요한 대목을 몇 군데 소개한다. 읽을 때 염두에 둘 것은, 이것이 수도원의 수사가 쓴 글이 아니라 열심히 바쁘게 살던 한 교사가 쓴 글이라는 사실이다. 1970년 세상을 떠날 때쯤 로바크와 그의 교육방법은 거의 전 세계에 알려졌다. 그는 널리 존경받았고 많은 곳을 돌아다녔다. 그러나 그가 마음에 열망한 것은 세간의 인정이 아니었다. 아버지와의 끊어지지 않는 교제였다.

1930년 1월 26일. 매 순간 하나님을 느끼고 있다. 의지의 행동이다. 지금 타자기를 두드리고 있는 이 손가락도 하나님이 인도해 주시기 바란다. 내가 걷는 걸음을 통해서도 하나님이 흘러나오기 바란다.

1930년 3월 1일. 보이지 않는 한 손이 내 손을 잡아 이끄시고 또 다른 손이 앞에서 내 길을 예비하신다는 이 의식이 내 안에서 날마다 자라가고 있다…그 의식이 살아나는 데 이른 아침 오랜 시간이 걸릴 때도 있다. 그 의식이 살아나 주님이 분명히 느껴질 때까지 침대에서 나오지 않을 생각이다.

1930년 4월 18일. 하나님과의 교제의 참맛을 느끼자 그분께 합당치 않은 모든 일들이 역겹게 느껴졌다. 오늘 오후 하나님의 임재의식에 강하게 붙들리면서 말할 수 없는 기쁨을 맛보았다. 전에는 모르던 것이다. 하나님이 어찌나 가깝고 그분을 사랑하는 마음이 어찌나 놀랍게 차오르던지 마치 낯선 지복의 만족감 속에 나 자신이 온통 녹아내리는 기분이었다. 이런 경험은 이제 한 주에 여러 번씩 찾아온다. 이것을 경험하고 나자 모든 더러운 것들이 그렇게 싫을 수가 없다. 나를 하나님으로부터 멀어지게 하는 그 위력을 잘 알기 때문이다. 하나님과 깊은 교제를 한 시간 정도 나누고 나면 나의 영혼이 막 떨어져 내린 눈송이마냥 깨끗해진 기분이다.

1930년 5월 14일. 매 순간 끊임없이 하나님을 만나며 하나님을 내 생각의 주제 삼고 내 대화의 짝 삼는 것, 이것이야말로 평생 접해 보지 못한 가장 놀라운 일이다. 점점 된다. 물론 아직은 한나절도 못 간다. 그러나 언젠가는 하루 종일 그렇게 될 날이 있을 줄 믿는다. 사고에 새로운 습관을 기르는 일이다.

1930년 5월 24일. 하나님께 집중하는 마음은 갈수록 강해지는 반면 다른 모든 것은 더 이상 내게 집요한 힘을 잃어버렸다. 사고가 더 명료해졌고 망각하는 일도 많이 줄었다. 전에는 힘들게 하던 일이 지금은 별다른 노력 없이 쉽게 잘 된다. 요즘은 걱정이 전혀 없고 잠도 잘잔다. 거의 온종일 기쁨에 사로잡혀 있다. 거울을 봐도 내 눈빛과 얼굴에 새로운 광채가 있다. 어떤 일에도 더 이상 조급한 마음이 없다. 모든 일이 잘된다. 매 순간을 그저 중요하지 않은 시간처럼 침착하게 맞이한다. 마음속에서 하나님을 놓치는 것, 그 한 가지만 빼고는 아무것도 잘못될 수 없다.

1930년 6월 1일. 오, 하나님. 주님만이 저를 이해하실 수 있고 주님만이 모든 것을 아신다는 걸 깨닫고 나니 주님과 저 사이가 얼마나 더 가까워졌는지요! 하나님, 하나님은 더 이상 낯선 분이 아닙니다! 온 우주에서 주님은 단 한 부분도 낯선 데가 없는 유일한 분입니다! 주님은 온전히 제 안에 계십니다. 여기에…오늘밤도 내일도 저는 어느 때보다 더 씨름할 것입니다. 단 한순간도 주님을 놓치지 않기 위해. 한 시간만 주님을 놓쳐도 모든 것을 잃고 말기 때문입니다. 저를 향한 주님의 일은 주님이 저를 항상 온전히 지배하고 계실 때에만 이루어질 수 있습니다.

하나님께 나의 하루를 온전히 지속적으로 드린다는 면에서 지난 월요일은 오늘까지의 내 인생에서 더할 나위 없는 성공의 날이었다…. 지금도 기억에 생생하다. 내가 사람들을 하나님이 주신 사랑으로 바라보니 그들의 시선과 행동도 마치 나와 같은 길을 가고 싶은 사람들처럼 바뀌었다. 예수님이 날마다 하나님과 끝없는 영적 교제로 광채를 발하며 "하나님께 취하여" 이 땅을 사실 때 맛보신 그 놀라운 위력을 나도 하루나마 약간 느낄 수 있었다.[3]

로바크의 모험을 당신은 어떻게 생각하는가? 그의 질문에 당신은 어떻게 답하겠는가? 하나님과 그런 교류를 항상 유지할 수 있을까? 깨어 있는 동안 내내 그렇게 살다 잠들 때 그분 품 안에 잠들고 다시 깰 때 그분의 임재 안에 깰 수 있을까? 그 임재에 도달할 수 있을까?

이것은 과연 현실성 있는 목표인가? 도달할 수 있는 것인가? 혹 당신은 하나님과 지속적으로 교제한다는 개념이 다소 광적이며 극단적인 것이라 생각하지는 않는가? 로바크의 모험을 어떻게 보든, 예수님이 하나님과 막힘 없는 교제를 누렸다는 그의 말에는 당신도 동의하지 않을 수 없다. 예수님처럼 되기 원한다면 당신과 나도 그렇게 살도록 노력해야 한다.

하나님의 통역자

예수님과 하나님의 관계는 매일의 시간 약속 이상으로 훨씬 깊었다. 주님은 언제나 아버지의 임재를 느끼며 사셨다. 그분의 말씀을 들어 보라.

- 아들이 아버지의 하시는 일을 보지 않고는 아무것도 스스로 할 수 없나 니 아버지께서 행하시는 그것을 아들도 그와 같이 행하느니라(요 5:19).
- 내가 아무것도 스스로 할 수 없노라. 듣는 대로 심판하노니(요 5:30).
- 나는 아버지 안에 있고 아버지는 내 안에 계신 것을(요 14:11).

분명 예수님은 아버지가 행하시는 것을 보지 않고는 움직이지 않으셨다. 아버지의 심판을 듣지 않고는 심판하지 않으셨다. 아버지의 인도 없이는 어떤 행동도 취하지 않으셨다. 예수님의 말씀에는 통역자의 냄새가 풍긴다.

브라질에 있을 때 어느 영어 연사의 통역 일을 맡은 일이 몇 번 있다. 연사는 메시지를 완비하여 청중 앞에 섰다. 나는 외국어를 구비하여 그 곁에 섰다. 내 직무는 그의 말을 청중에게 전달하는 것이었다. 본뜻을 정확히 이해하려 최선을 다했다. 내게는 보태거나 뺄 재량이 없었다. 연사가 몸짓을 하면 나도 따라했다. 성량이 커지면 나도 따라 커졌다. 연사가 말이 없으면 나도 입을 다물었다.

예수님은 이 땅에 사실 때 언제나 하나님의 말씀을 "통역하고" 계셨다. 하나님의 목소리가 커지면 예수님의 목소리도 커졌다. 하나님이 몸짓을 하시면 예수님도 몸짓을 하셨다. "내가 아버지 안에 있고 아버지께서 내 안에 계시다"(요 14:11)고 선포하실 정도로 그분은 아버지와 혼연일체가 되셨다. 다른 사람들이 듣지 못하는 소리를 혼자 듣고 계셨던 것이다.

이와 비슷한 상황을 언젠가 비행기 안에서 본 일이 있다. 누군가 시끄럽게 웃는 소리가 계속 들려왔다. 운항 상태가 거칠고 요동이 심했기 때문에 전혀 웃을 상황이 아니었다. 그러나 내 뒤에서 누군가가 계속 웃고 있었다. 아무도 웃지 않는데 딱 그 사람뿐이었다. 마침내 나는 뭐가 그렇게 우스운지 고개를 돌려보았다. 그는 헤드폰을 끼고 있었다. 코미디 프로를 듣고 있는 것 같았다. 그의 행동이 나와 달랐던 것은 나는 듣지 못하는 것을 그는 들을 수 있었기 때문이다.

예수님도 마찬가지였다. 그분의 행동이 남들과 달랐던 것은 남들은 듣지 못하는 것을 그분은 들을 수 있었기 때문이다. 나면서부터 소경 된 자를 두고 모두들 소동하던 일을 기억하는가? 예수님은 소동하지 않으셨다. 그분은 그 소경을 통해 하나님의 영광이 드러나리라는 것을 아셨다(요 9:3). 나사로가 병들었다고 모두들 허둥대던 일이 생각나는가? 예수님은 허둥대지 않으셨다. 그분은 서둘러 친구의 병상으로 가지 않고 이렇게 말씀하셨다. "이 병은 죽을병이 아니라. 하나님의 영광을 위함이요 하나님의 아들로 이를 인하여 영광을 얻게 하려 함이라"(요 11:4). 아무도 못 듣는 소리를 그분 홀로 들고 계신 듯했다. 이보다 친밀한 관계가 있을까? 예수님은 아버지와 막힘 없는 교제를 나누셨다.

하나님 아버지께서 우리에게도 똑같은 것을 원하실까? 말할 것도 없다. 바울은 하나님이 우리를 "그 아들의 형상을 본받게 하기 위하여 미리 정하셨다"(롬 8:29)고 말한다. 다시 한번 말한다. 하나님은 당신을 있는 그대로 사랑하신다. 그러나 그대로 두시지는 않는다. 하나님은 당신이 예수님처럼 되기 원하신다. 하나님은 그 아들과 나누신 그 불변의 친밀함을 우리와도 똑같이 나누기 원하신다.

그림으로 보이신 친밀함

하나님은 그 바라시는 관계의 모습을 몇 가지 그림으로 보여주신다. 하나는 포도나무와 가지의 그림이다.

> 나는 포도나무요 너희는 가지니 저가 내 안에, 내가 저 안에 있으면 이 사람은 과실을 많이 맺나니 나를 떠나서는 너희가 아무것도 할 수 없음이라…너희가 내 안에 거하고 내 말이 너희 안에 거하면 무엇이든지 원하는 대로 구하라. 그리하면 이루리라(요 15:5, 7).

하나님은 가지가 포도나무에 붙어 있듯 우리도 그분께 붙어 있기 원하신다. 가지는 나무의 연장(延長)이다. 어디까지가 나무고 어디부터가 가지인지 구분할 수 없다. 가지는 열매 맺는 순간에만 나무에 붙어 있는 것이 아니다. 정원사는 가지를 상자 안에 두었다가 포도송이를 원하는 날 나무에 붙이는 것이 아니다. 가지는 끊임없이 나무에서 양분을 빨아들인다. 분리는 곧 죽음을 뜻한다.

하나님은 또한 성전의 그림으로 그 원하시는 친밀함을 보여주신다. 바울은 이렇게 썼다. "너희 몸은 너희가 하나님께로부터 받은 바 너희 가운데 계신 성령의 전인 줄을 알지 못하느냐"(고전 6:19). 잠깐 머리 속에 성전을 떠올려 보자. 솔로몬의 성전에 하나님은 손님이었나 거주자였나? 그분의 임재는 간헐적인 것이었나 지속적인 것이었나? 답은 뻔하다. 하나님은 왔다가 떠나고 나타났다 사라지신 분이 아니다. 그분은 언제나 다가갈 수 있는 영원한 임재였다.

믿어지지 않을 정도로 기쁜 소식 아닌가! 우리는 **결코** 하나님에게서 멀지 않다. 하나님은 **결코** 우리에게서 멀지 않으시다. 단 한순간도! 하나님은 주일 아침 우리를 찾아오셨다 주일 오후에 떠나시는 분이 아니다. 우리 안에 머무시며 우리의 삶 속에 계속 임재하시는 분이다.

우리에게 참으로 힘이 되는 이 진리의 세번째 그림은 바로 결혼의 그림이다. 우리는 그리스도의 신부가 아니던가(계 21:2). 우리는 그분과 연합한 자가 아니던가(롬 6:5). 우리는 그분께 서약하고 그분은 우리에게 서약하지 않으셨던가.

우리와 예수님의 결혼 사실은 우리와 교제하기 원하시는 그분의 마음에 대해 무엇을 말해 주고 있는가? 한 가지 분명한 것은, 교제에 영원히 끝이 없다는 것이다. 행복한 가정의 남편은 아쉬운 것이 있을 때만 아내에게 말하지 않는다. 맛있는 식사나 깨끗한 셔츠나 약간의 낭만을 원할 때만 잠깐 방문하는 사람이 아니다. 만일 그렇다면 그것은 더 이상 가정이 아니다. 식사와 세탁이 제공되는 매음굴일 뿐이다.

행복한 결혼에는 "함께 거한다"는 의식이 있다. 남편은 아내 안에 거하고 아내는 남편 안에 거한다. 자상함이 있고 정직함이 있고 꾸준한 대화가 있다. 하나님과의 관계도 그렇다. 기쁨을 품고 갈 때도 있고 상처를 안고 갈 때도 있으나 우리는 언제나 그분께 간다. 그리고 그분께 갈수록 점점 그분을 닮아 간다. 바울은 우리가 점점 변하여 "영광으로 영광에"(고후 3:18) 이른다고 말했다.

오래오래 함께 사는 사람들은 결국 말소리도 대화 내용도 심지어 생각까지 닮아 간다. 하나님과 동행하다보면 우리도 그분의 생각, 그분의 원칙, 그분의 태도를 취하게 된다. 그분의 마음을 입게 된다.

결혼관계가 그렇듯 하나님과의 교제도 전혀 부담이 아니다. 사실은 기쁨이다. "만군의 여호와여, 주의 장막이 어찌 그리 사랑스러운지요! 내 영혼이 여호와의 궁정을 사모하여 쇠약함이여. 내 마음과 육체가 생존하시는 하나님께 부르짖나이다"(시 84:1-2). 이런 차원의 교제는 너무나 달콤하여 아무 것에도 비할 수 없다. 로바크는 이렇게 썼다.

1931년 3월 3일, 1930년 5월 14일. 복에 겨워 병이 날 때까지 하나님 자신의 얼굴을 들여다보는 것이 나의 본분이다…이제 주님의 임재가 너무 좋아 단 30분만 마음에서 그분을 놓쳐도—하루에 몇 번씩 있는 일이지만—마치 내가 그분을 버린 것 같고 내 인생에 정말 소중한 것을 잃어버린 것 같은 기분이다.[4]

성경의 그림을 마지막 하나만 더 생각해 보자. 목자와 양의 관계는 어떤가? 성경은 여러 차례 우리를 하나님의 양떼라 부르고 있다. "우리는…그의 백성이요 그의 기르시는 양이로다"(시 100:3). 목자가 결코 양떼를 떠나지 않는다는 것은 목축에 대해 해박하지 않아도 누구나 아는 사실이다. 저만치 양떼가 내려오고 있다면 분명 근처에 목자가 있다는 뜻이다. 저만치 그리스도인이 있다 해도 상황은 똑같다. 선한 목자이신 주님은 결코 양의 곁을 떠나지 않으신다. "내가 사망의 음침한 골짜기로 다닐지라도 해(害)를 두려워하지 않을 것은 주께서 나와 함께하심이라"(시 23:4).

하나님은 포도나무가 가지에 가까운 만큼이나 당신과 가까우시고, 성전에 임재하시는 것처럼 당신 안에 임재하시며, 남편이 아내와 친밀한 것같이 당신과 친밀하시고, 목자가 양에게 헌신하듯 당신에게 모든 것을 바치신다.

하나님은 예수님과 가까우셨던 만큼 당신과도 가까워지기 원하신다. 글자 그대로 당신을 통해 말씀하실 수 있고 당신은 그저 통역만 하면 될 정도로 가까워지기 원하신다. 헤드폰 끼듯 쉽게 그분 음성이 잡힐 만큼 가까워지기 원하신다. 남들이 폭풍 앞에 걱정할 때도 당신은 그 음성을 듣고 웃음 지을 수 있을 만큼 가까워지기 원하신다.

모든 관계 중 가장 친밀한 이 관계를 다윗 왕은 이렇게 노래했다.

여호와여, 주께서 나를 아시고 감찰하셨나이다. 주께서 나의 앉고 일어섬을 아시며 멀리서도 나의 생각을 통촉하시오며 나의 길과 눕는 것을 감찰하시며 나의 모든 행위를 익히 아시오니 여호와여, 내 혀의 말을 알지 못하시는 것이 하나도 없으시니이다. 주께서 나의 전후를 두르시며 내게 안수하셨나이다. 이 지식이 내게 너무 기이하니 높아서 내가 능히 미치지 못하나이다(시 139:1-6).

하나님의 임재를 끊임없이 의식하며 살 수 있는 가능성을 증거한 성경기자는 비단 다윗만이 아니다. 바울의 붓에서 스타카토처럼 찍혀 나와 우리에게 한시도 주님 곁을 떠나지 말 것을 당부하고 있는 이런 말들을 생각해 보라.

- 쉬지 말고 기도하라(살전 5:17).
- 기도에 항상 힘쓰며(롬 12:12).
- 무시로 성령 안에서 기도하고(엡 6:18).
- 기도를 항상 힘쓰고(골 4:2).
- 모든 일에 기도와 간구로…하나님께 아뢰라(빌 4:6).

끊임없는 교제가 부담스럽고 복잡해 보이는가? 그렇잖아도 힘든 삶에 이것까지 보탤 것 뭐 있나, 혹 그런 생각이 드는가? 만일 그렇다면, 하나님은 부담을 가중시키는 분이 아니라 부담을 제해 주시는 분이라는 사실을 잊지 말라. 끊임없는 기도로 우리의 짐이 가벼워지는 것이—더 무거워지는 것이 아니라—하나님이 원하시는 바다.

성경을 자세히 보면 볼수록 하나님과의 막힘 없는 교제가 예외적인 상태가 아니라 본연의 모습임을 절감하게 된다. 모든 그리스도인의 손닿는 곳에 하나님의 변치 않는 임재가 있다.

임재 연습

그렇다면 어떻게 하나님의 임재 안에 살 것인가? 내 어깨 위의 보이지 않는 그 손과 내 귓전에 맴도는 그분의 들리지 않는 음성을 어떻게 감지할 것인가? 양은 목자의 음성에 점점 익숙해 간다. 당신과 나는 어떻게 하나님의 음성에 익숙해 갈 수 있을까? 여기 몇 가지 단서가 있다.

아침에 잠에서 깰 때 하나님을 생각하라. 하루를 맞이하기 전 먼저 하나님을 맞이하라. 침대에서 나오기 전 그분의 임재에 들어가라. 내 친구 하나는 침대에서 나오자마자 무릎 꿇고 기도로 하루를 시작하는 것이 습관이 되어 있다. 나는 그 정도는 못 된다. 머리가 아직 베개에 있고 눈도 아직 뜨지 않은 채로 나는 하루의 첫 순간을 하나님께 드린다. 기도는 길지 않으며 전혀 두서도 없다. 그날의 수면시간에 따라 아예 말귀가 안 맞는 경우도 있다. 대개는 이런 정도다. "간밤에 잘 자게 해주시니 감사합니다. 오늘도 저는 주님께 속한 자입니다."

C. S. 루이스는 이렇게 말했다. "아침마다 잠에서 깨는 순간…하루에 대한 당신의 [모든] 소원과 희망이 야생 동물마냥 당신을 엄습해 온다. 아침마다 첫째로 할 일은 그 모든 잡념을 밀쳐 내고 다른 목소리를 들으며 다른 시각을 입는 일이다. 다른 삶, 더 크고 더 강하고 더 고요한 삶이 내 안에 잦아들게 하는 일이다."[5]

시편기자는 하루를 이렇게 시작했다. "아침에 내가 주께 기도하고 바라리이다"(시 5:3). 거기서 두번째 단서가 나온다.

말없이 바라는 중에 하나님을 생각하라. 하나님과 침묵의 시간을 보내라.

성숙한 부부는 함께 나누는 침묵의 가치를 안다. 쉬지 않고 떠들 필요가 없다. 함께 있는 것으로 충분하다. 하나님 앞에 잠잠히 있어 보라. "너희는 가만히 있어 내가 하나님 됨을 알지어다"(시 46:10). 하나님의 임재 의식은 하나님 앞에서의 침묵의 결실이다.

한번은 댄 래더(Dan Rather)가 테레사 수녀에게 이렇게 물었다. "기도할 때 하나님께 뭐라고 말씀하십니까?"

테레사 수녀는 조용히 답했다. "듣지요."

의외의 대답에 놀란 래더가 다시 물었다. "그럼, 하나님은 뭐라고 말씀하십니까?"

테레사 수녀가 미소로 답했다. "그분도 들으신답니다."[6]

수시로 짤막하게 기도하며 하나님을 생각하라. 고금을 통해 그리스도인들은 짤막한 외마디 기도의 소중함을 잘 알았다. 어떤 장소, 어떤 상황에서도 속으로 조그맣게 할 수 있는 기도다. 로바크는 하나님께 여쭙는 방식으로 그분과의 끊임없는 교제를 추구했다. 2-3분마다 그는 이렇게 기도하곤 했다. "주님, 제가 지금 주님 뜻 가운데 있습니까?" "주님, 제가 지금 주님을 기쁘시게 하고 있습니까?"

19세기 무명의 한 러시아인이 하나님과의 끊임없는 교제의 삶에 들어섰다. 「순례자의 길」(The Way of Pilgrim)이라는 책에서 그는 다음 한마디 기도를 늘 마음에 품고 사는 법을 배우게 된 경위를 소개하고 있다. "주 예수 그리스도 하나님의 아들이여, 이 죄인을 불쌍히 여겨 주옵소서." 시간이 가면서 기도는 아예 그의 내면의 일부가 되어 의식적으로 다른 일을 하고 있는 중에도 그는 계속 그 기도를 하고 있었다.

매 순간을 하나님과 교제할 수 있는 시간으로 여기는 그 마음을 상상해 보라. 인생을 마감할 무렵 당신은 신호등 앞에서 6개월, 광고 우편물 뜯는 데 8개월, 잃어버린 물건을 찾느라 1년 반(내 경우는 두 배), 줄 서서 기다리는 데 자그마치 5년을 보내게 된다.[7] 그 모든 순간들을 하나님께 드리지 않겠는가? 수시로 짤막하게 기도하며 하나님을 생각하면 평범한 것들이 비범한 것으로 바뀐다. "아버지, 감사합니다." "주님, 이 시간도 다스려 주옵소서." "예수님, 주님은 나의 쉴 곳이 되십니다." 이런 짤막한 말에 출퇴근시간이 순례의 길로 바뀐다. 굳이 사무실 밖으로 나가거나 부엌에서 무릎을 꿇을 필요도 없다. 있는 자리에서 그대로 기도하라. 부엌이 교회당이 되게 하고 교실이 기도실이 되게 하라. 수시로 짤막하게 기도하며 하나님을 생각하라.

끝으로, **잠자리에 들기 전 하나님을 생각하라.** 하루 일을 마치면서 당신의 마음을 그분께 내려놓으라. 하루의 마감도 시작과 같이 기도로 하라. 좋았던 부분에 대해 감사드리라. 힘들었던 부분은 질문을 드려도 좋다. 하나님의 자비를 구하라. 힘을 구하라. 눈을 감는 순간 이 약속을 굳게 붙들라. "이스라엘을 지키시는 자는 졸지도 아니하시고 주무시지도 아니하시리로다"(시 121:4). 기도하다 잠들어도 걱정할 것 없다. 아버지의 품보다 더 깜빡 잠들기 좋은 곳이 어디 있으랴.

우리가 다 수건을 벗은 얼굴로
거울을 보는 것같이 주의 영광을 보매
저와 같은 형상으로 화하여 영광으로 영광에 이르니
곧 주의 영으로 말미암음이니라.

고린도후서 3:18

그 얼굴이 해같이 빛나며.

마태복음 17:2

6. 변화된 얼굴

예배에 주린 마음

비행기에 탄 사람들과 교회에 앉아 있는 사람들 사이에는 공통점이 아주 많다. 양쪽 다 여행 중이다. 대체로 몸가짐이 단정하고 점잖다. 더러는 조는 이들도 있고 창밖을 내다보는 이들도 있다. 대부분 예상했던 경험에 만족하는 편이다. 괜찮은 비행과 괜찮은 예배에 대한 표현도 똑같은 경우가 많다. "좋았습니다. 비행 좋았습니다/예배 좋았습니다." 우리는 곧잘 그렇게 말한다. 나갈 때 모습도 들어올 때와 똑같다. 그리고 다음 번에도 기꺼이 다시 찾는다.

하지만 좋은 정도로 만족하지 못하는 소수의 사람들이 있다. 그 이상의 뭔가를 바라는 이들이다. 방금 막 내 곁을 지나간 소년이 그랬다. 얼굴을 보기 전 말소리부터 들렸다. 나는 이미 자리를 잡은 후였는데 입구 쪽에서 소년이 일행에게 이렇게 물었다. "정말 조종사를 만나게 해줄까요?" 비행기에 타자마자 대뜸 그것부터 요구한 것을 보면 아주 영악하거나 운이 좋은 아이였다. 그 질문은 조종석까지 흘러들어 가 결국 조종사가 몸을 내밀고 묻기에 이르렀다.

"나를 찾는 아이가 있다고?"

"저요!" 마치 2학년 담임선생님에게 대답이라도 하듯 소년의 손이 번쩍 올라갔다.

"그래, 그럼 들어와."

엄마가 고개를 끄덕여 보이자 소년은 각종 제어기와 계기반이 늘어선 조종석의 세계로 들어갔다. 그리고는 몇 분 후 휘둥그레진 눈으로 감탄을 발하며 나왔다. "와! 이 비행기 타기 정말 잘했다!"

어느 누구의 얼굴에도 그런 경이는 보이지 않았다. 궁금해서 유심히 살펴보았다. 소년의 호기심이 내 호기심을 자극해 다른 승객들의 얼굴을 자세히 보았으나 그런 열정은 어디서도 찾을 수 없었다. 대체로 만족의 표정을 지었을 뿐이다. 여행객들은 비행기를 타고 있는 것으로 만족했고 목적지에 조금이라도 가까워진 것으로 만족했고 공항을 벗어나는 것으로 만족했고 자리에 앉아 말없이 허공을 응시하는 것으로 만족했다.

약간의 예외도 있었다. 밀짚모자를 쓰고 해수욕 가방을 든 대여섯 명의 중년 여인들은 만족한 표정이 아니라 자못 흥분된 표정이었다. 통로를 지날 때도 내내 깔깔거리며 웃었다. 분명 부엌일과 아이들에게서 모처럼 해방된 엄마들이었을 것이다. 통로 저편, 파란색 정장을 입은 남자는 만족한 표정이 아니라 심기가 뒤틀린 표정이었다. 시종 노트북 컴퓨터를 켜놓고는 화면을 잔뜩 노려보고 있었다. 나머지 사람들은 대부분 그 남자보다는 즐거웠고 그 여인들보다는 얌전했다. 우리는 대부분 만족했다. 예상대로 무사한 비행에 만족했다. "괜찮은" 비행에 만족했다.

우리는 구한 것이 그것이다 보니 얻은 것도 그것이었다. 그러나 그 소년은 더 많은 것을 원했다. 조종사를 보기 원했다. 소년에게 비행 소감을 묻는다면 그 답은 "괜찮았어요" 정도로 끝나지 않을 것이다. 조종사한테서 받은 모형날개를 조립해 보이며 이렇게 말하리라. "앞에 가서 조종사를 봤어요."

내가 비행기에 탄 사람들과 교회에 앉아 있는 사람들 사이에 공통점이 아주 많다고 말하는 이유를 이제 알겠는가? 예배당에 들어가 면면들을 살펴보라. 깔깔거리는 사람과 심기가 뒤틀린 사람도 몇 있겠지만 대부분은 만족하고 있다. 거기 있는 것으로 만족한다. 자리에 앉아 앞을 쳐다보다 예배가 끝나면 자리를 뜨는 것으로 만족한다. 놀람도 동요도 없이 모임에 속해 있는 것으로 만족한다. "괜찮은" 예배에 만족한다. 예수님은 "찾으라, 그러면 찾을 것이요"(마 7:7)라고 약속하셨다. 우리는 찾는 것이 괜찮은 예배이다 보니 얻는 것도 괜찮은 예배로 그칠 때가 많다.

그러나 그 이상의 것을 찾는 이들도 간혹 있다. 그 소년처럼 어린아이 같은 열정을 가지고 나아오는 이들이다. 이 소수의 사람들이야말로 소년이 그러했듯 떠날 때는 조종사 자신의 임재 앞에 선 경이로 눈이 휘둥그레져 떠날 수밖에 없다.

물으며 나아오라

예수님께도 똑같은 일이 일어났다. 예배하러 가신 그날 그분도 얼굴이 바뀌었다.

"예수님도 예배하러 갔단 말이오?"

맞다. 예수께서 시간을 내어 친구들과 함께 하나님의 임재 앞에 서신 그

날이 성경에 기록되어 있다. 예수님이 예배하러 가신 그날에 대해 읽어 보자.

> 엿새 후에 예수께서 베드로와 야고보와 그 형제 요한을 데리시고 따로 높은 산에 올라가셨더니 저희 앞에서 변형되사 그 얼굴이 해같이 빛나며 옷이 빛과 같이 희어졌더라. 때에 모세와 엘리야가 예수로 더불어 말씀하는 것이 저희에게 보이거늘 베드로가 예수께 여짜와 가로되 주여, 우리가 여기 있는 것이 좋사오니 주께서 만일 원하시면 내가 여기서 초막 셋을 짓되 하나는 주를 위하여, 하나는 모세를 위하여, 하나는 엘리야를 위하여 하리이다. 말할 때에 홀연히 빛난 구름이 저희를 덮으며 구름 속에서 소리가 나서 가로되 이는 내 사랑하는 아들이요 내 기뻐하는 자니 너희는 저의 말을 들으라 하는지라(마 17:1-5).

마태의 기록에는 하나님의 임재 앞에 서시기로 한 예수님의 결단이 암시되어 있다. 동행자를 선별하여 산 위에 오르신 사실만 보아도 이것이 한순간의 충동적 행동이 아님을 알 수 있다. 어느 날 아침 잠에서 깨어나 달력과 시계를 보다 "아차! 오늘이 산에 가는 날이구나" 하신 것이 아니다. 그분은 준비가 필요했다. 자신의 심령을 향한 사역이 이루어질 수 있도록 사람들을 향한 사역을 잠시 제쳐 두어야 했다. 예배장소로 택한 곳이 상당히 멀리 떨어져 있었기 때문에 바른 경로를 골라 끝까지 곁길로 빠지지 않아야 했다. 산에 오르셨을 때 그분은 마음에 준비가 돼 있었다. 예수님은 예배를 준비하셨다.

묻는다. 당신도 그렇게 하는가? 예배를 준비하는가? 산에 오르기까지 당신은 어떤 경로를 거치는가? 엉뚱한 질문 같을 수 있으나 그저 눈 비비고 일어나 생각 없이 예배당에 가 앉아 있는 이들도 많이 있다. 서글프게도 우리는 하나님을 만나는 일에 진지함이 없다.

대통령을 만난다 해도 그렇게 천연덕스러울까? 주일 아침 백악관 조찬에 초대되었다고 생각해 보라. 토요일 밤을 어떻게 보낼까? 준비하지 않을까? 생각을 정리하지 않을까? 질문과 진정사항을 미리 찾아 두지 않을까? 당연히 그럴 것이다. 거룩하신 하나님을 만나는 데 그보다 준비를 덜해서야 되겠는가?

준비된 모습으로 예배에 나올 것을 당부하고 싶다. 기도하고 오라. 그래야 도착해서도 준비된 상태로 기도할 수 있다. 충분히 자고 오라. 그래야 도착해서 깨어 있을 수 있다. 말씀을 읽고 오라. 그래야 예배드릴 때 마음밭이 부드러워진다. 갈급한 마음으로 오라. 자원하는 심령으로 오라. 말씀 주실 하나님께 기대를 품고 오라. 문간에 들어설 때에라도 물으며 나아오라. "오늘 나는 조종사를 뵐 수 있을까?"

하나님의 영광을 드러내는 얼굴

그러면 당신은 예배의 목적—예배자의 얼굴이 변화되는 것—을 만나게 될 것이다. 산 위에서 주님께 일어난 일이 바로 그것이다. 예수님의 모습은 변화되었다. "그 얼굴이 해같이 빛나며"(마 17:2).

얼굴과 예배의 상관관계는 결코 우연이 아니다. 얼굴이란 신체의 어느 부분보다 덜 가리워진 가장 공적인 부위이다. 또한 신체 중 가장 쉽게 알아볼 수 있는 부위이기도 하다. 학교 졸업앨범에 실리는 사진은 학생들의 발이 아니라 얼굴이다. 하나님은 이처럼 노출돼 있고 쉬 기억되는 신체부위인 우리의 얼굴을 취하셔서 당신의 선함을 드러내는 도구로 사용하신다. 바울은 이렇게 말했다. "우리가 다 수건을 벗은 얼굴로 거울을 보는 것같이 주의 영광을 보매 저와 같은 형상으로 화하여 영광으로 영광에 이르니 곧 주의 영으로 말미암음이니라"(고후 3:18).

하나님이 우리를 부르셔서 그분의 얼굴을 보게 하심은 우리의 얼굴을 변화시키기 위함이다. 그분은 우리의 벗은 얼굴을 사용하셔서 자신의 영광을 드러내신다. 변화는 쉽지 않다. 러쉬모어 산(미국의 네 대통령 얼굴을 자연암석에 조각한 산—옮긴이)의 조각가가 헤쳐 나가야 했던 도전도 하나님이 하시는 일에 비하면 작은 것이다. 그럼에도 우리 주님은 그 작업을 능히 감당하실 수 있다. 자녀들의 얼굴을 바꾸는 일이야말로 그분께는 더없이 즐거운 일이다. 그분의 손가락이 닿을 때 걱정의 주름살은 사라진다. 수치와 회의로 어둡던 안색은 은혜와 믿음의 초상이 된다. 그분은 굳어진 턱을 풀어 주시고 주름진 이마를 쓸어 주신다. 그분의 손길은 눈 밑에 쌓인 피로를 제하시며 절망의 눈물을 평화의 눈물로 돌려놓으실 수 있다.

어떻게? 예배를 통해서.

우리는 예배보다 복잡하고 어려운 다른 방법을 기대하곤 한다. 40일 금식이나 레위기 암송 같은. 아니다. 하나님의 계획은 훨씬 단순하다. 그분은 예배를 통해 우리의 얼굴을 바꾸신다.

정확히 예배란 무엇인가? 나는 다윗 왕의 정의가 마음에 든다. "다같이 여호와의 위대하심을 선포하고 그의 이름을 높이자"(시 34:3, 현대인의 성경). 예배란 하나님의 위대하심을 높이는 행위이다. 하나님에 대한 우리의 시야를 넓히는 행위이다. 조종석 안으로 들어가 그분이 앉으시는 자리와 일하시는 모습을 지켜보는 일이다. 물론 그분의 크기는 달라지지 않는다. 우리의 시각이 달라질 뿐이다. 가까이 갈수록 그분은 커 보인다. 우리에게 필요한 것이 바로 이것 아닌가? 하나님을 **크게** 보는 것? 우리는 문제도 **크고** 걱정도 **크고** 의문도 **크지** 않던가? 물론이다. 그렇다면 우리에게는 하나님을 크게 보는 눈이 필요하다.

예배가 그것을 가능하게 한다. "거룩 거룩 거룩"을 찬양하면서 어떻게 시야가 넓어지지 않을 수 있는가? "내 평생에 가는 길"에 나오는 이런 가사는 또 어떤가?

> 내 지은 죄 주홍빛 같더라도
>
> 주 예수께 다 아뢰면
>
> 그 십자가 피로써 다 씻으사
>
> 흰눈보다 더 정하겠네.[1]

이런 찬양을 부르면서 얼굴이 빛나지 않을 수 있는가?

환하게 빛나는 얼굴은 하나님의 임재 안에 선 자의 표지(標識)이다. 하나님과 말씀을 나눈 뒤 모세는 수건으로 얼굴을 가려야 했다(출 34:33-35). 천국을 본 뒤 스데반의 얼굴은 천사의 얼굴처럼 빛났다(행 6:15, 7:55-56).

하나님은 지금도 세상의 얼굴을 변화시키는 일을 하고 계신다.

분명히 말한다. 이 변화는 우리의 일이 아니라 하나님의 일이다. 우리의 목표는 스스로 얼굴이 빛나게 하는 것이 아니다. 예수님도 그렇게 하지 않으셨다. 마태는 "예수께서…변형되사"라고 하셨지 "예수께서 자신의 모습을 바꾸사"라고 하지 않았다. 모세는 자기 얼굴이 빛나는 것조차 몰랐다(출 34:29). 우리의 목표는 얼어붙은 가짜 표정을 지어내는 것이 아니다. 단순히 자원하는 준비된 마음으로 하나님 앞에 서서 그분께서 친히 일하시도록 해 드리는 것, 그것이 우리의 목표다.

그러면 그분이 하신다. 그분이 눈물을 닦아 내신다. 그분이 땀을 훔쳐 주신다. 그분이 우리의 찡그린 이마를 펴주신다. 그분이 우리의 뺨을 만져 주신다. 우리가 예배드릴 때 하나님이 우리의 얼굴을 변화시켜 주신다.

그러나 그것이 전부가 아니다. 하나님은 예배하는 자의 얼굴만 바꿔 주시는 것이 아니라 예배하는 우리를 보는 사람들까지 변화시켜 주신다.

전도의 위력을 발하는 예배

조종사를 본 그 소년을 생각해 보라. 소년의 열정은 나를 자극시켰다. 나 또한 조종사를 보고 싶었다. (모형날개도 마다하진 않았으리라.)

우리가 준비된 마음으로 예배하러 올 때에도 똑같은 현상이 벌어진다. 바울은 고린도 교인들에게, 믿지 않는 자가 들어와 "그 마음의 숨은 일이 드러나게 되므로 엎드리어 하나님께 경배하며 하나님이 참으로 너희 가운데 계시다 전파하게"(고전 14:24-25) 될 정도로 확실한 예배를 드리라고 말했다.

다윗은 정직한 예배가 갖는 전도의 위력을 이렇게 표현했다. "새 노래 곧 우리 하나님께 올릴 찬송을 내 입에 두셨으니 많은 사람이 보고 두려워하여 여호와를 의지하리로다"(시 40:3).

당신이 진정으로 드리는 예배는 그대로 선교의 힘을 발한다. 믿지 않는 자들에게 예배하는 당신의 뜨거운 음성을 듣게 하고 진지한 얼굴을 보게 하라. 그들이 변화될 것이다. 베드로도 그랬다. 예수님의 예배를 본 베드로는 이렇게 말했다. "주여, 우리가 여기 있는 것이 좋사오니 주께서 만일 원하시면 내가 여기서 초막 셋을 짓되 하나는 주를 위하여, 하나는 모세를 위하여, 하나는 엘리야를 위하여 하리이다"(마 17:4).

마가는 베드로가 무서워서 말했다고 했고(막 9:6) 누가는 부지중에 말했다고 했다(눅 9:33). 이유야 어찌됐든 최소한 말한 것만은 분명하다. 베드로는 하나님께 뭔가를 해드리고 싶었다. 하나님이 초막이 아니라 마음을 원하신다는 사실은 몰랐지만 적어도 마음이 감동되어 뭔가를 드리고 싶었다.

왜? 그리스도의 변화된 얼굴을 보았기 때문이다. 오늘 교회에서도 똑같은 일이 벌어진다. 우리가 하나님께 중심의 찬양을 드리는 것을 볼 때—우리의 예배를 들을 때—사람들은 마음에 감동을 받는다. 조종사가 보고 싶어진다! 우리의 불꽃이 그들의 메마른 심령에 불씨를 붙여 주는 것이다.

브라질에서 이와 비슷한 일을 경험한 일이 있다. 우리 집은 세계 최대의 축구 경기장에서 불과 몇 블록밖에 떨어져 있지 않았다. 최소한 일주일에 한 번, 마라카나 경기장은 열광하는 축구 팬들로 발 디딜 틈이 없었다. 처음에만 해도 나는 그들 중에 끼어 있지 않았으나 그들의 열의는 전염성이 있었다. 도대체 뭐길래 그렇게 열광하는지 보고 싶었다. 리우데자네이루를 떠날 즈음에는 나도 축구 회심자가 되어 온 무리와 함께 소리칠 수 있었다.

불신 방문객들이 예배당에서 일어나는 일들을 모두 다 이해할 수는 없을 것이다. 노래의 뜻이나 성찬의 의미를 모를 수도 있다. 그러나 기쁨만은 분명 알아볼 수 있다. 당신의 변화된 얼굴을 볼 때 그들도 하나님의 얼굴이 보고 싶어질지 모른다.

그 반대도 똑같이 맞는 말일까? 방문객이 당신의 얼굴에서 지루한 기색을 본다면 어떻게 될까? 다른 사람들은 예배하고 있는데 당신은 얼굴을 찌푸리고 있다면? 다른 사람들은 하나님의 임재 안에 있는데 당신은 자신의 작은 세계 안에 있다면? 다른 사람들은 하나님의 얼굴을 구하고 있는데 당신은 손목시계의 얼굴을 구하고 있다면?

좀더 개인 차원으로 파고들어 가보자. 부모들이여, 당신의 예배에서 자녀들이 무엇을 배우고 있는가? 농구경기를 보러 갈 때와 똑같은 흥분을 자녀들이 보고 있는가? 휴가를 준비하듯 예배를 준비하는 모습을 자녀들이 보고 있는가? 하늘 아버지의 얼굴을 구하며 한시 바삐 도착하고 싶어하는 마음을 자녀들이 보고 있는가? 아니면 들어올 때나 떠날 때나 변화없이 만족하는 모습만 보고 있는가?

자녀들은 보고 있다. 정말이다. 지켜보고 있다.

당신은 예배에 주린 마음으로 교회에 오는가? 우리 주님은 그러셨다.

당신도 예수님처럼 되라고 당부하고 싶다. 준비된 마음으로 예배에 임하라. 하나님이 예배를 통해 당신의 얼굴을 바꾸시게 하라. 예배의 위력을 드러내라. 무엇보다도 조종사의 얼굴을 구하라. 그 소년은 그랬다. 조종사를 찾은 덕에 변화된 얼굴로 떠났다. 날개를 얻어 떠났다. 당신도 그렇게 될 수 있다.

우리 주 예수 그리스도의 하나님,
영광의 아버지께서 지혜와 계시의 정신을
너희에게 주사 하나님을 알게 하시고
너희 마음 눈을 밝히사
그의 부르심의 소망이 무엇이며…
너희로 알게 하시기를 구하노라.

에베소서 1:17–19

7. 골프와 셀러리
초점이 분명한 마음

골프경기는 네 홀을 남겨 놓고 동점을 이루고 있었다. 우리는 티박스에 서 있었다. "굉장히 멀어 보이는데." 내가 다음 그린을 내다보며 말했다. 아무도 말이 없었다. "잔디밭도 좁아 보이고." 공을 티 위에 올려놓으며 다시 한마디 했다. 역시 반응이 없었다. "어떻게 저 나무들 너머로 치라는 거지?" 여전히 답이 없었다.

침묵은 별난 일이 아니었다. 공립 골프장에서 동료 사역자들과 몇 년째 치열한 경쟁을 하면서 나는 상대의 작전에 유의해야 한다는 것을 배웠다. 그들이 취하고 있는 행동을 나는 정확히 알고 있었다. 내가 연달아 보여준 멋진 보기(bogey)에 주눅이 들어 내 마음을 교란시키기로 한 것이다. (그래봐야 우리 게임은 음료수 내기였다.) 나는 공 앞으로 바짝 다가가 스윙을 날렸다. 그 후에 일어난 일은 감히 인간의 묘사를 불허하는 것이리라. **환상적인 드라이브 샷이었다.** 공은 왼편에 늘어선 나무들 위로 멋진 아치를 그렸다. 다른 사역자들의 신음소리가 들렸다. 질투하고 있는 것이리라. 그들의 드라이브를 본 뒤 나는 과연 그것이 질투였음을 알았다. 누구의 공도 나무 옆에조차 가지 못했다. 다들 왼쪽이 아니라 오른쪽으로 공을 날려 그린에서 몇 마일이나 거리가 뜨고 말았다. 그때 나는 뭔가 눈치를 챘어야 했다. 그러나 그러지 못했다.

그들은 잔디밭 저쪽으로 걸어 내려갔고 나는 이쪽으로 내려갔다. 가보니 공은 촘촘한 골프장 잔디 위에 내려앉아 있는 것이 아니라 잡초와 자갈 속에 숨은 채 나무에 빙 둘러싸여 있었다. "과연 힘든 홀이로군." 나는 혼자 중얼거렸다. 그럼에도 불구하고 도전에 응할 각오가 돼 있었다. 홀까지의 거리를 살펴 전략을 정한 뒤 클럽을 꺼내 들고는—또다시 말하는 것을 용서하라—환상적인 샷을 날렸다. 마치 공이 레이더 컨트롤을 받는 것 같았다. 먹을 것을 덮치는 산토끼마냥 한 가지를 아슬아슬하게 피하고 다른 가지를 휘돌아 그린을 똑바로 향해 날아간 것이다. 가파른 언덕 탓에 퍼팅 지점까지 좀더 굴러 올라가지만 못했을 뿐.

그럴 때 어떻게 처신해야 하는지 나는 TV 중계를 보고 알았다. 나는 사진사들이 사진을 찍을 수 있도록 공중으로 휘두른 손을 잠시 그대로 고정한 채 있다가 클럽을 살짝 돌리며 내렸다. 군중에게 한 손을 흔들어 보이며 다른 손으로 캐디에게 클럽을 넘겼다. 물론 내 경우에는 사진사도 없고 캐디도 없고 군중도 없었다. 동료들조차 보지 않고 있었다. 그들은 모두 잔디밭 저쪽 맞은편에 서서 다른 쪽만 쳐다보고 있었다. 남들이 내 실력을 보아 주지 않은 데 대해 약간 서운한 기분으로 나는 클럽을 어깨에 메고 그린 쪽으로 걷기 시작했다.

그때라도 나는 뭔가 잘못을 눈치챘어야 했다. 이상한 사건의 연발에 한번

쯤 의문을 품었어야 했다. 난해한 홀에 대해 아무도 말이 없었다. 내 드라이브에 아무런 칭찬도 없었다. 다들 오른쪽으로 치는데 나만 왼쪽으로 쳤다. 완벽한 드라이브가 러프에 떨어졌다. 내 환상적인 어프로치 샷을 아무도 보지 못했다. 그 정도면 낌새를 알아차렸어야 했다. 그러나 그러지 못했다. 그린에 다가간 후에야 나는 이상한 조짐을 느꼈다. 다른 사람들이 이미 퍼팅을 하고 있었다! 내가 모르는 사람들. 전혀 안면이 없는 사람들. 속도가 지지리도 느리거나 아니면 길을 잃은 사람들이겠지. 내 일행을 찾아 사방을 둘러보니 그들은 이미 그린에 나가 있었다. 다른 그린에.

그제서야 나는 깨달았다. 엉뚱한 홀에 공을 날렸던 것이다! 나는 엉뚱한 과녁을 노리고 있었다. 오른쪽 그린으로 가야 되는데 왼쪽인 줄 알았던 것이다. 갑자기 모든 것이 이해가 됐다. 동료들이 오른쪽으로 친 것은 그것이 제 경로였기 때문이다. 내 드라이브를 보고 그들의 입에서 나온 신음소리는 찬탄의 표현이 아니라 혀를 차는 소리였다. 어쩐지 홀이 유난히 어려워 보이더라니. 엉뚱한 방향으로 쳤으니 그렇지. 얼마나 힘이 빠지던지. 골프는 그 자체로 이미 어렵다. 엉뚱한 방향으로 가면 훨씬 더 어렵다.

과녁을 벗어나지 않은 마음

삶에 대해서도 똑같이 말할 수 있다. 삶이란 그 자체로 이미 어렵다. 엉뚱한 방향으로 가면 훨씬 더 어렵다.

예수님의 신기한 능력 중 하나는 목표를 이탈하지 않았다는 것이다. 그분의 삶은 한번도 궤도를 벗어난 적이 없다. 엉뚱한 쪽 잔디밭으로 걸어 내려가는 모습은 그분에게서는 볼 수 없는 광경이다. 돈도 없고 컴퓨터도 없고 행정비서나 직원도 없었건만 예수님은 우리 많은 사람들이 하지 못하는 일을 하셨다. 목표를 향해 치우침 없이 걸으신 것이다.

자신의 미래의 지평을 내다보시는 예수님의 눈에는 많은 과녁이 보였을 것이다. 수많은 깃발이 바람에 나부끼고 있었다. 그중 어느 것이라도 따를 수 있었다. 그분은 정치적 혁명가가 될 수도 있었다. 민족 지도자가 될 수도 있었다. 교사가 되어 지성을 깨우거나 의사가 되어 질병을 고치는 것으로 만족할 수도 있었다. 그러나 끝내 그분은 구주가 되어 영혼을 구하는 길을 택하셨다.

조금이라도 그분 곁에 있어 본 사람이라면 꼭 듣는 말이 있었다. "인자의 온 것은 잃어버린 자를 찾아 구원하려 함이니라"(눅 19:10). "인자의 온 것은 섬김을 받으려 함이 아니라 도리어 섬기려 하고 자기 목숨을 많은 사람의 대속물로 주려 함이니라"(막 10:45).

그리스도의 마음은 철저히 한 가지 일에 초점이 맞춰져 있었다. 나사렛의 목공소를 떠나시던 날 그분께는 한 가지 궁극의 목표가 있었으니 곧 갈보리 십자가였다. 어찌나 초점이 명확했던지 마지막 말씀이 이러했을 정도다. "다 이루었다"(요 19:30).

어떻게 다 이루었다고 하실 수 있을까? 먹여야 할 배고픈 자들, 고쳐야 할 병자들, 가르쳐야 할 무지한 자들, 사랑해야 할 버려진 자들이 아직도 많은데 어떻게 다 이루었다고 하실 수 있을까? 간단하다. 그분은 정해진 일을 끝마치신 것이다. 사명은 완수되었다. 화가는 붓을 내려놓을 수 있었고 조각가는 망치를 내려놓을 수 있었고 작가는 펜을 내려놓을 수 있었다. 작업이 끝난 것이다.

당신도 이와 똑같이 말할 수 있다면 얼마나 좋을까? 인생을 되돌아보며 자신이 부름받은 일을 다 이루었음을 알 수 있다면 얼마나 좋을까?

분산된 마음

우리의 삶은 몹시 산만해지는 경향이 있다. 일반의 추세에 끌리지만 그것도 새로운 추세가 나타나면 끝이다. 최신 유행이나 인스턴트 해답에 끌려 다니는 마음. 이 일하다가 금방 또 딴 일. 전략도 목표도 일정한 우선순위도 없는 삶. 홀의 순서 없이 날리는 공. 산만함과 망설임. 딸꾹질하며 사는 삶. 우리는 작은 일에 마음을 뺏겨 큰일을 놓치기 쉽다. 얼마 전 식품점에서 좋은 예를 보았다.

슈퍼마켓에 가면 샘플 코너가 있다. 나는 이 코너에 단연 베테랑이다. 맛보기로 주는 스낵을 그냥 지나치는 법이 없다. 지난 토요일에도 나는 가게 뒷편의 샘플 코너에 가보았다. 역시! 두 명의 샘플 기증자가 배고픈 샘플 고객을 기다리고 있었다. 한 사람의 프라이팬에는 소시지가 담겨 있었고 다른 사람의 접시에는 크림치즈를 바른 셀러리가 가득 들어 있었다. 내가 셀러리를 택했다는 것을 알면 당신도 대견한 마음이 들리라. 실은 소시지가 먹고 싶었지만 셀러리가 몸에 더 좋다는 것을 나는 알았다.

불행히도 셀러리 아줌마는 한번도 내게 눈길을 주지 않았다. 셀러리를 똑바로 진열하는 일에 너무 정신이 팔려 있었다. 일부러 옆으로 지나가 보았지만 쳐다보지 않았다. 반면 소시지 아줌마는 내가 오는 것을 보고 얼른 접시를 건넸다. 나는 사양하고 다시 빙 돌아 셀러리 아줌마 옆을 지나갔다. 똑같은 반응. 눈길도 주지 않았다. 셀러리 아줌마는 접시를 가지런히 정리하느라 너무 바빴다. 할 수 없이 한 바퀴 더 돌려고 소시지 아줌마 곁을 지나갔다. 아줌마는 이번에도 소시지를 권했고 나는 이번에도—대단한 결의로—사양했다. 옳은 일을 하기로 마음을 굳힌 것이다.

셀러리 아줌마도 그랬다. 접시에 셀러리 대공을 조금도 흐트러짐 없이 똑바로 늘어놓으려는 의지가 대단했다. 셀러리 배급보다는 셀러리 외양에 더 신경을 쓴 것이다. 나는 걸음을 멈추었다. 기침도 해보았다. 인기척도 내보았다. 노래만 빼고 안 해본 것이 없다. 여전히 무반응. 그러나 소시지 아줌마는 지글지글 소리나는 소시지로 나를 대접하려 했다. 나는 손들었다. 소시지를 먹은 것이다.

셀러리 아줌마는 내가 골프장에서 범한 것과 똑같은 실수를 범했다. 과녁을 놓친 것이다. 작은 일(셀러리 정리)에 너무 몰두하다 그만 자신의 본분(나처럼 가난하고 배고프고 불쌍한 고객들을 돕는 일)을 망각하고 말았다.

인생에서 똑같은 실수를 피하려면 어떻게 해야 할까? 하나님은 우리가 예수님처럼 되어 마음에 분명한 초점을 갖고 살아가기 원하신다. 깃발을 바로 선택해 과녁을 벗어나지 않으려면 어떻게 해야 할까? 우선 지도를 보는 데서부터 출발할 수 있다. 그날 나도 득점판의 지도만 차분히 보았어도 그런 난리는 치지 않았을 것이다. 골프장 건축가가 그려 놓은 지도가 하나 있었던 것이다. 인생도 골프 코스와 마찬가지다. 우리 삶의 코스를 정하신 분이 우리에게 방향을 가르쳐 주셨다. 네 가지 단순한 질문에 답함으로써 우리는 좀더 예수님처럼 될 수 있다. 하나님이 주신 인생의 코스를 끝까지 지킬 수 있다.

나는 하나님의 계획에 부합되게 사는가?

로마서 8:28은 이렇게 말한다. "우리가 하나님을 사랑하고 그분의 계획에 부합되게 산다면 우리에게 일어나는 모든 일은 결국 우리에게 유익이 된다는 것을 우리는 안다"(TLB). 마음에 초점을 맞추는 첫 단계는 이 질문을 던지는 것이다. 나는 하나님의 계획에 부합되게 살고 있는가?

하나님의 계획이란 그 자녀들을 구원하는 것이다. "〔주께서는〕 아무도 멸망치 않고 다 회개하기에 이르기를 원하시느니라"(벧후 3:9).

하나님의 목표가 세상의 구원이라면 나의 목표도 그와 같아야 한다. 세부 사항은 사람마다 다르겠지만 전체 그림은 우리 모두 똑같다. "우리는 그리스도의 대리자이며 하나님은 우리를 사용하사 사람들을 믿게 하신다"(고후 5:20, MSG). 당신의 미래가 아무리 미지의 세계라 해도 이것만은 분명하다. 하나님의 선하신 계획에 일익을 담당하는 것이 당신을 향한 그분의 뜻이다. 사람들을 사랑하시며 그들이 집에 돌아오기를 간절히 바라시는 하나님, 그분의 얘기를 사람들에게 들려주는 것이다.

하지만 정확히 어떻게 일익을 담당할 것인가? 당신이 맡은 일은 구체적으로 무엇인가? 두번째 질문으로 답을 찾아보자.

나의 소원은 무엇인가?

좀 뜻밖의 질문일 수도 있다. 인생의 궤도를 고수하는 것과 내 소원과는 아무 상관이 없다고 생각될지도 모른다. 나는 그 생각에 전적으로 반대이다.

당신의 마음은 대단히 중요한 요소다. 시편 37:4은 이렇게 말한다. "또 여호와를 기뻐하라. 저가 네 마음의 소원을 이루어 주시리로다." 하나님의 계획에 복종하는 사람은 자신의 소원을 믿어도 좋다. 당신이 맡은 일은 하나님의 계획과 당신의 소원이 교차하는 지점에서 발견되는 것이다. **당신이 하고 싶은 일은 무엇인가? 당신에게 기쁨을 주는 일은 무엇인가? 당신이 만족감을 느끼는 일은 무엇인가?**

가난한 자들을 도와주고 싶어하는 이들도 있다. 교회 지도자 일에 기쁨을 느끼는 이들도 있다. 노래를 부르거나 가르치거나 병든 자의 손을 잡아 주거나 마음이 어지러운 자를 상담해 주는 일이 즐거운 이들도 있다. 우리는 저마다 독특한 방식으로 하나님을 섬기도록 지음받았다.

- 우리는 그의 만드신 바라. 그리스도 예수 안에서 선한 일을 위하여 지으심을 받은 자니 이 일은 하나님이 전에 예비하사 우리로 그 가운데서 행하게 하려 하심이니라(엡 2:10).
- 주께서 내 장부를 지으시며 나의 모태에서 나를 조직하셨나이다…나를 지으심이 신묘막측하심이라…내가…지음을 받은 때에 나의 형체가 주의 앞에 숨기우지 못하였나이다. 내 형질이 이루기 전에 주의 눈이 보셨으며 나를 위하여 정한 날이 하나도 되기 전에 주의 책에 다 기록이 되었나이다(시 139:13-16).

당신은 독특하게 설계된 "맞춤" 작품이다. 하나님이 당신의 출생을 지정하셨다. 태어날 때 주변 환경이 어떠했든 당신은 우연의 산물이 아니다. 태어나기 전부터 하나님은 당신을 계획하셨다.

그렇다면 당신 마음의 소원도 결코 하찮은 것이 아니다. 대단히 중요한 메시지이다. 마음의 소원을 무시하면 안된다. 귀담아 들어야 한다. 바람이 바람개비를 돌리듯 하나님은 당신의 소원을 빌어 당신의 삶을 풀어 가신다. 하나님은 당신이 싫어할 일을 시키시기에는 너무나 은혜로우신 분이다.

그러나 주의하라. 능력을 감안하지 않고 소원만 생각하면 안된다. 서둘러 세번째 질문으로 가보자.

나의 능력은 무엇인가?

원함은 있으나 감당할 능력이 없는 일들도 있다. 예컨대 나는 노래에 원함이 있다. 다른 사람들에게 노래를 불러 주면 놀라운 만족이 있을 것 같다. 문제는, 듣는 이들에게는 전혀 만족이 되지 않는다는 점이다. 나는 음치라서 음정도 맞는 법이 없고 박자도 항상 뒤지는 편이다.

바울이 로마서 12:3에서 좋은 충고를 주고 있다. "자신의 능력을 바로 평가하라"(필립스역).

달리 말해서, 자신의 장점을 알아야 한다. 당신이 가르치면 사람들이 듣는가? 당신이 인도하면 사람들이 따르는가? 당신이 행정을 맡으면 일이 개선되는가? 당신이 가장 생산적인 분야는 어떤 쪽인가? 당신의 장점을 파악하고—다음이 중요하다—거기에 전문가가 되라. 용광로에서 철을 꺼내 그 부분을 달구라. 장점을 살리지 못하면 하나님이 부르신 독특한 일을 해내지 못할 수 있다.

암벽 해안에서 일하던 어느 등대지기가 한 달에 한번씩 기름을 받아 등댓불을 간수하고 있었다. 마을에서 멀지 않다 보니 손님들이 자주 왔다. 하룻밤은 어떤 여자가 집 난방에 필요하다며 기름을 구하러 왔다. 또 하룻밤은 어느 아버지가 등잔불을 켠다며 기름을 청했다. 모두 그럴듯한 요구인지라 등대지기는 달라는 대로 주었다. 그러다 월말이 되자 기름이 떨어졌고 등대는 꺼졌다. 그 바람에 몇 척의 배들이 해안에 충돌했다. 상부에서는 이 등대지기를 이런 말로 질책했다. "당신에게 기름이 공급된 것은 한 가지 이유, 즉 등대를 밝히기 위한 것이었소."[1]

우리는 세상의 모든 필요를 다 채울 수 없다. 세상의 모든 사람을 다 기쁘게 할 수 없다. 세상의 모든 요구에 다 응할 수 없다. 그런데도 애써 그렇게 하려는 사람들이 있다. 그러다 결국 기름이 떨어진다. 당신의 능력을 바로 평가하라. 그리고 그 선을 벗어나지 말라.

끝으로 필요한 질문이 하나 더 있다.

나는 지금 하나님을 섬기고 있는가?

여기까지 읽으면서 당신 마음에 불안이 일고 있는지도 모른다. 내 직업을 바꿔야 한단 말인가? 이사를 가야 할지도 몰라. 맥스는 지금 나더러 신학교에 가라는 것 같은데…아니다. 꼭 그럴 필요는 없다.

여기서도 예수님이 이상적인 모본이다. 예수께서 자신이 하나님의 아들임을 알고 있다는 단서가 맨 처음 나오는 곳은 어디인가? 예루살렘 성전이다. 예수는 열두 살이다. 예수의 부모는 나사렛 귀향길에 오른 지 사흘이 지나서야 아들이 없음을 알게 된다. 찾고 보니 예수는 성전에서 지도자들과 대화하고 있다. 어찌된 일인지 묻는 부모에게 예수는 이렇게 답한다. "내가 내 아버지의 일에 관계하여야 될 줄을 알지 못하셨나이까"(눅 2:49).

어린 예수는 벌써 하나님의 소명을 알고 있다. 그래서 그가 다음에 한 일은 무엇인가? 사도를 모으고 설교하고 기적을 베푸는 일? 아니다. 예수는 고향의 자기 사람들에게 내려가 가업을 배운다.

이것이 바로 당신이 할 일이다. 초점 있는 삶을 살고 싶은가? 예수님이 하신 대로 하라. 집으로 가서 가족들을 사랑하며 본업에 충실하라. 하지만 맥스, 나는 선교사가 되고 싶소. 당신의 첫번째 선교지는 지붕 밑이다. 복도 건너 가족들조차 당신을 믿지 않는다면 어떻게 바다 건너 그들이 당신을 믿으리라 생각할 수 있는가?

하지만 맥스, 나는 하나님을 위해 큰일을 할 준비가 되어 있소. 좋다. 그 큰일을 직장에서 하라. 훌륭한 직원이 되라. 바른 태도로 정시에 출근하라. 불평하거나 투덜대지 말라. 오직 "마음을 다하여 주께 하듯 하고 사람에게 하듯 하지 말라"(골 3:23).

P. L. A. N.

아주 간단한 계획 아닌가? 기억하기도 쉽다.

나는 하나님의 계획(**P**lan)에 부합되게 사는가?

나의 소원(**L**ongings)은 무엇인가?

나의 능력(**A**bilities)은 무엇인가?

나는 지금(**N**ow) 하나님을 섬기고 있는가?

잠깐 시간을 내어 당신이 현재 가고 있는 방향을 평가해 보면 어떨까? 자신에게 네 가지 질문을 던져 보라. 당신도 나와 똑같은 일을 하고 있을지 모른다. 멋진 샷을 날리되 엉뚱한 방향으로 치는 것이다. 내 경우 그 대가는 음료수 세 병이었다. 타수를 너무 많이 잃어 따라잡을 수 없었다.

당신의 삶은 그런 말로 평가되지 않아도 된다. 하나님은 인생의 어느 시점에서든 새롭게 시작할 기회를 주신다. "그후로는 다시 사람의 정욕을 좇지 않고 오직 하나님의 뜻을 좇아 육체의 남은 때를 살게 하려 함이라"(벧전 4:2).

그후로는이라는 말에 밑줄을 치라. 하나님은 당신에게 새로운 점수표를 주실 것이다. 지금까지는 당신이 무엇을 좇아 살았든, 다시 삶의 본궤도로 돌아와 하나님 P. L. A. N.의 일부가 되기에 아직도 늦지 않았다.

그런즉 거짓을 버리고

각각 그 이웃으로 더불어 참된 것을 말하라.

에베소서 4:25

8. 오직 진실만을

정직한 마음

한 여자가 판사와 배심원단 앞에 서서 성경에 한 손을 얹고 다른 한 손을 들어 서약한다. 하나님의 도움에 힘입어 지금부터 몇 분 동안 이 여자는 "진실을 말하고 진실대로 말하며 오직 진실만을 말할" 것이다.

여자는 증인이다. 여자의 본분은 진실을 부연하는 것도 아니요 희석하는 것도 아니다. 여자의 본분은 진실을 말하는 것이다. 해석은 변호인단에게 맡기라. 심의는 판사에게 맡기라. 판결은 배심원단에게 맡기라. 그렇다면 증인은? 증인은 진실을 말한다. 그 이상이거나 그 이하면 불의한 결과를 낳는다. 그러나 그 일만 바로 하면—진실을 말하면—정의의 입지가 그만큼 커진다.

그리스도인도 증인이다. 우리도 서약한다. 법정의 증인처럼 우리도 진실을 말하도록 부르심을 받았다. 판사석은 비어 있고 판사는 보이지 않을지 모르나 성경은 엄연히 존재하고 지켜보는 세상이 배심원단이며 우리는 일차 증인이다. 우리는 그 누구도 아닌 예수님 자신의 명을 받아 증인으로 소환됐다. "너희가…예루살렘과 온 유대와 사마리아와 땅끝까지 이르러 내 **증인**이 되리라"(행 1:8).

우리는 증인이다. 법정의 증인처럼 우리도 증언을 해야 한다. 우리가 보고 들은 바를 말해야 한다. 진실하게 말해야 한다. 우리의 본분은 진실을 호도하거나 부풀리는 것이 아니다. 우리의 본분은 진실을 말하는 것이다. 그것으로 끝이다.

그러나 법정의 증인과 그리스도의 증인은 한 가지 다른 점이 있다. 법정의 증인은 결국 증인석에서 내려오지만 그리스도의 증인은 그렇지 않다. 그리스도의 주장이 언제나 심리중이기 때문에 법정은 영원히 개회 상태이며 우리의 서약도 효력이 지속된다. 그리스도인에게 거짓이란 선택 가능한 대안이 아니다. 예수님에게도 거짓은 전혀 발 들여놓을 틈이 없었다.

하나님이 하실 수 없는 일

그리스도에 대한 가장 놀라운 평가 중 하나는 이것이다. "그는 범죄하거나 거짓말을 한 적이 없었다"(사 53:9, 현대인의 성경). 예수님은 철저히 정직하셨다. 그분의 말씀은 모두 정확했고 그분의 문장은 모두 사실이었다. 시험 부정행위, 없었다. 회사장부 조작, 없었다. 예수님은 진실을 부풀린 일이 한 번도 없었다. 진실을 가린 일이 한번도 없었다. 진실을 외면한 일이 한번도 없었다. 진실을 그대로 말씀하셨을 뿐이다. 그분의 입에서는 속이는 말을 찾을 수 없었다.

하나님의 뜻이 우리를 다스린다면 우리 입에서도 속이는 말을 찾을 수 없을 것이다. 하나님은 우리가 예수님처럼 되기 원하신다. 앞서 말한 것처럼 그분의 계획은 우리를 아들의 형상대로 빚으시는 것이다(롬 8:28). 그분은 우리의 부정직을 줄이거나 최소화하는 것이 아니라 아예 깨끗이 없애기 원하신다. 하나님은 부정직에 냉정하시다. "거짓 행하는 자가 내 집 안에 거하지 못하며"(시 101:7).

우리 주님의 정직 윤리는 엄격하다. 창세기에서 요한계시록까지 주제는 하나이니, 곧 하나님은 진실을 사랑하시고 속이는 것을 미워하신다는 것이다. 바울은 고린도전서 6:9-10에 하나님의 나라를 유업으로 받지 못할 사람들을 열거하고 있다. 성적인 죄를 짓는 자, 우상숭배하는 자, 간음하는 자, 매춘하는 자, 술 취하는 자, 남의 것을 강탈하는 자 등 온갖 초라한 모습과 함께—바로 거기—**남에 대해 거짓말하는 자**가 나온다.

너무 엄해 놀랐을지도 모른다. 나의 악의 없는 거짓말과 아첨의 말이 간음과 가중 폭행 못지 않게 하늘의 분노를 일으킨다는 말인가? 그렇다. 하나님은 세금 축소 조작을 우상 앞에 무릎 꿇는 것과 똑같이 보신다.

- 거짓 입술은 여호와께 미움을 받아도 진실히 행하는 자는 그의 기뻐하심을 받느니라(잠 12:22).
- 여호와의…마음에 싫어하시는 것이 육칠 가지니 곧…거짓된 혀와(잠 6:16-17).
- 거짓말하는 자를 멸하시리이다. 여호와께서는 피 흘리기를 즐기고 속이는 자를 싫어하시나이다(시 5:6).

왜? 이토록 심하게 표현한 까닭은? 단호한 태도의 이유는?

한 가지이다. 부정직은 하나님의 성품에 절대 어긋나는 것이다. 히브리서 6:18에 의하면 **하나님은 거짓말을 하실 수 없다.** 하나님이 거짓말을 안하시겠다거나 안하기로 하셨다는 말이 아니다. **그분은 거짓말을 하실 줄 모른다.** 하나님이 거짓말을 하는 것은 개가 나는 것과 같고 새가 짖는 것과 같다. 한마디로 있을 수 없는 일이다. 디도서에도 히브리서 말씀이 똑같이 나온다. "거짓이 없으신 하나님이"(딛 1:2).

하나님은 언제나 진실을 말씀하신다. 한번 언약하면 반드시 지키신다. 그분의 진술은 모두 진심이다. 그분이 선포하시는 진리는 믿을 수 있다. 그분의 말씀은 사실이다. "우리는 미쁨이 없을지라도 주는 일향 미쁘시니 자기를 부인하실 수 없으시리라"(딤후 2:13).

반대로 사탄은 진실을 말하는 것이 불가능하다. 예수님 말씀에 따르면 마귀는 "거짓의 아비"(요 8:44)다. 알다시피 거짓이야말로 마귀의 가방에서 나온 최초의 무기였다. 에덴 동산에서 사탄은 하와를 낙심케 한 것도 아니요 성적으로 유혹한 것도 아니요 쥐도 새도 모르게 덮친 것도 아니다. 거짓말을 했을 뿐이다. "하나님이 너한테 저 열매를 먹으면 죽는다고 하던? 넌 죽지 않아"(창 3:1-4 참조).

새빨간 거짓말이다. 그러나 하와는 속아 열매를 땄다. 창세기를 보면 불과 몇 문단도 못 가서 남편과 아들이 그 선례를 따르고, 에덴의 정직은 먼 옛날의 추억이 되고 만다.

지금도 그렇다. 대니얼 웹스터(Daniel Webster)의 말이 맞다. "진실만큼 강한 것도 없지만 진실만큼 낯선 것도 없다."

거짓의 대가(代價)

「사이컬러지 투데이」(*Psychology Today*)지에 따르면 마귀는 지금도 거미줄을 치고 있으며 우리는 지금도 열매를 따먹고 있다.

- 세금 보고나 회계장부를 속인 일보다 배우자를 속인 일이 더 많다고 답한 사람이 그렇지 않다고 답한 사람보다 많다.
- 절반을 넘는 사람들이 만일 자신의 세금 보고에 감사가 행해진다면 더 많은 세금을 추징당할 것이라고 답했다.
- 응답자 중 1/3이 지난 한해 동안 가장 친한 친구를 속인 일이 있다고 시인했다. 그중 96%는 죄책감을 느끼고 있다.
- 주차장에서 다른 사람의 차를 긁으면 연락처를 남기지 않고 그냥 가버리겠다고 답한 사람이 절반에 가깝다. 그중 대다수(89%)는 그것을 부도덕한 일로 보고 있다.[1]

"왜 하나님은 정직을 요구하시는가?"가 아니라 "왜 우리는 부정직을 용인하는가?"로 질문을 바꿔야 할지도 모른다. 예레미야가 예언자의 면모를 가장 유감없이 발휘한 것은 "만물보다 거짓되고 심히 부패한 것은 마음이라"(렘 17:9)고 선포하던 때가 아닐까? 우리의 부정직을 어떻게 설명해야 할까? 우리의 일구이언과 말뿐인 약속은 도대체 왜 나오는 것일까? 굳이 연구 조사 없이도 답을 알 수 있다.

우리는 진실을 좋아하지 않는다. 진실을 말했다 오히려 바보가 된 한 남자

얘기에 대부분 공감이 갈 것이다. 어떤 남자가 유럽에서 막 집으로 돌아오려는 아내로부터 전화를 받았다. "내 고양이는 어때요?" 아내가 물었다.

"죽었소."

"여보, 그렇게까지 솔직할 것 없잖아요. 왜 좀더 시간을 두고 조금씩 알려주지 않았어요? 여행 잡쳤잖아요."

"무슨 말이오?"

"처음에는 고양이가 지붕에 있다고만 말했어도 됐지요. 그러다 내가 파리에서 전화했을 때 고양이의 몸놀림이 둔해졌다고 말했을 수 있고요. 그리고 내가 런던에서 전화했을 때 고양이가 아프다고 말하고, 뉴욕에서 전화했을 때 고양이가 병원에 갔다고 말했어도 됐어요. 그러다 내가 집에 도착하면 고양이가 죽었다고 말하면 되잖아요."

남편은 그런 원칙이 금시초문이었지만 이제라도 배울 생각이 있었다. "알았소. 다음번에는 더 잘하리다." 남편이 말했다.

"그건 그렇고, 우리 엄마는 어때요?" 아내가 물었다.

오랜 침묵이 흐른 후 남편이 답했다. "음, 장모님은 지금 지붕에 계시다오."

분명한 사실은 우리가 진실을 좋아하지 않는다는 것이다. **너희가 진리를 알지니 진리가 너희를 어색케 하리라.** 이것이 우리의 신조다. 진실을 좋아하지 않는 마음은 엄마가 방에 들어와 "너, 동생 때렸지?" 하고 묻던 세 살 때부터 이미 시작되었다. 정직에는 결과가 따른다는 것을 우리는 그때 거기서부터 이미 알고 있었다. 그래서 우리는 글쎄, 꼭 거짓말은 아니고…그냥 살짝 얼버무리는 법을 배웠다.

"동생을 때렸냐구요? 그거야 '때리다'라는 말을 어떻게 해석하느냐에 따라 달라지겠지요. 물론 동생과 접촉이 있었던 건 사실이에요. 하지만 배심원단도 그것을 '구타'로 간주할까요? 모든 일은 다 상대적인 것 아닌가요?"

"동생을 때렸냐구요? 그래요, 아빠. 때렸어요. 하지만 제 잘못은 아니지요. 제가 타고난 유전자에 공격성이 조금만 덜했어도 그리고 아빠가 나한테 텔레비전만 보게 하지 않았어도 그런 일은 없었을 거예요. 그러니까, 내가 동생을 때린 건 사실이지만요, 잘못은 저한테 있는 게 아니에요. 나는 유전과 양육의 피해자라구요."

진실은 재미가 없다는 것을 우리는 어려서부터 배운다. 우리는 진실을 좋아하지 않는다.

진실을 좋아하지 않을 뿐 아니라 **우리는 진실을 믿지 않는다.** 우리가 정말 정직하다면(주제가 정직인 만큼 마땅히 그래야겠지만) 인정하지 않을 수 없는 사실이 있다. 정직만으로는 필요한 것을 다 얻어 낼 수 없다는 것이다.

우리는 상사의 호감을 사기 원한다. 그래서 아첨한다. 우리는 그것을 윤활유라 부른다. 하나님은 그것을 거짓말이라 하신다.

우리는 사람들의 찬탄을 얻기 원한다. 그래서 과장한다. 우리는 그것을 극적 효과라 부른다. 하나님은 그것을 거짓말이라 하신다.

우리는 사람들의 존경을 받기 원한다. 그래서 갚을 수 없는 빚을 지고 분에 맞지 않는 집에서 산다. 우리는 그것을 성공이라 부른다. 하나님은 그것을 거짓된 삶이라 하신다.

우리가 진실을 말하지 않으면

아나니아와 삽비라는 우리 인간들이 얼마나 진실을 믿지 않는지에 대한 대표적인 사례다. 이들은 소유를 팔아 그 값의 일부를 교회에 바쳤다. 그러나 전액을 바치는 것처럼 하여 베드로와 사도들을 속였다. 이들의 죄는 돈의 일부를 자기들 몫으로 남겨 둔 것이 아니라 진실을 왜곡한 데 있었다. 그 속임의 결과는 곧 죽음이었다. 누가는 이렇게 쓰고 있다. "온 교회와 이 일을 듣는 사람들이 다 크게 두려워하니라"(행 5:11).

나는 사람들이 이 기사에 대해 아찔한 표정으로 이렇게 말하는 것을 여러 번 들었다. "하나님이 지금도 거짓말한다고 사람들을 죽이지 않으시니 천만다행이지." 과연 그러실까? 내가 보기에 거짓의 대가는 여전히 죽음이다. 몸은 죽지 않을지 모르나 죽는 것은 많다.

- **결혼의 죽음.** 거짓은 가정이란 나무의 밑동을 갉아먹는 흰개미이다.
- **양심의 죽음.** 두번째 거짓말의 비극은 언제나 첫번째 거짓말보다 쉽다는 것이다.
- **직업의 죽음.** 거짓말이 치명적 결과를 불러오지 않는지 부정행위로 쫓겨난 학생과 공금횡령으로 해고된 직원에게 물어보라.
- **믿음의 죽음.** 믿음의 언어와 거짓의 언어는 사용 단어가 완전히 다르다. 거짓의 언어에 유창한 이들은 자백, 회개 등의 단어를 발음조차 하기 어렵다.

그 밖에도 친밀의 죽음, 신뢰의 죽음, 평화의 죽음, 신용의 죽음, 자존감의 죽음 등 얼마든지 많이 있다. 그러나 거짓에서 비롯되는 가장 비참한 죽음은 바로 우리의 증거다. 법정은 위증자의 증언을 듣지 않을 것이다. 세상도 마찬가지다. 직장동료들이 회계장부에 대한 우리의 말을 믿지 못하는데 그리스도에 대한 말은 믿을 것 같은가? 더 중요한 것이 있다. 우리가 진실을 말하지 않는데 하나님이 우리를 증인으로 쓰실 것 같은가?

고등학교 풋볼팀에는 코치의 말을 경기중인 선수들에게 전해 주는 임무를 맡은 선수가 하나씩 있다. 그 선수가 진실을 말하지 않는다면 어떻게 될까? 코치는 패스를 주문했는데 전달자의 말은 코치가 달리라고 했다고 한다면? 이것만은 분명하다. 코치는 그 선수를 오래 쓰지 않을 것이다. 하나님은 우리가 작은 일에 충성하면 큰일도 맡긴다고 말씀하신다(마 25:21). 하나님은 당신에게 작은 일을 맡기실 수 있는가?

책임에 직면하라

오래 전 음악과는 전혀 무관한 남자가 속임수를 써서 중국 황제의 악단에 들어갔다. 연습이나 연주가 있을 때마다 그는 피리를 입술에 대고 부는 시늉을 했다. 물론 소리는 전혀 나지 않았다. 그는 준수한 국록을 받으며 편안한 삶을 누렸다.

그러던 어느 날 황제가 연주가마다 돌아가며 독주를 청했다. 피리 부는 남자는 눈앞이 캄캄했다. 이제 와서 피리를 배우기에는 시간이 턱없이 모자랐다. 꾀병도 부려 보았지만 궁궐의사는 속지 않았다. 독주가 있던 날 이 사기

꾼은 독약을 먹고 자살했다. 이 사람의 자살을 설명하던 말이 후에 영어에서 "그 사람은 책임 직면을 거부했다"(He refused to face the music)는 표현으로 굳어졌다고 한다.[2]

거짓의 치료책은 단순하다. 책임에 직면하는 것이다. 진실을 말하는 것이다. 우리 중에는 속이며 살아가는 이들이 있다. 음지를 걷는 이들이 있다. 아나니아와 삽비라의 거짓의 결과는 죽음이었다. 우리의 거짓의 결과도 그렇다. 우리 중에는 결혼과 양심, 나아가 믿음마저 묻어 버린 이들이 있다. 모두가 진실을 말하지 않았기 때문이다.

당신은 지금 진실을 말해야 할까 말아야 할까 고민하며 딜레마에 빠져 있는가? 그 순간 해야 할 질문은 이것이다. 하나님은 나의 거짓을 축복하실까? 거짓을 미워하시는 그분이 거짓을 바탕으로 한 전략을 축복하실까? 진실을 사랑하시는 주님이 남을 속여야 하는 사업을 축복하실까? 하나님이 타인을 교묘하게 조종하는 직업을 귀히 보실까? 하나님이 속이는 자를 도와주러 오실까? 하나님이 나의 부정직을 축복해 주실까?

나도 그러시지 않으리라 생각한다.

당신의 마음을 점검하라. 냉정하게 자문해 보라.

나는 배우자와 아이들을 온전히 정직하게 대하고 있는가? 나의 관계에는 정직이 선명히 드러나는가? 업무실적이나 학교성적은 어떤가? 나는 거래에 정직한가? 나는 믿을 수 있는 학생인가? 정직한 납세자인가? 직장에서 신뢰할 수 있는 증인인가?

당신은 진실을 말하는가… 항상?

그렇지 않다면 오늘부터 시작하라. 내일까지 기다리지 말라. 오늘의 잔물

결이 내일의 파도가 되고 내년의 홍수가 된다. 오늘 시작하라. 예수님처럼 되라. 진실을 말하고 진실대로 말하며 오직 진실만을 말하라.

근신하라. 깨어라.
너희 대적 마귀가 우는 사자같이
두루 다니며 삼킬 자를 찾나니
너희는 믿음을 굳게 하여 저를 대적하라.

베드로전서 5:8-9

9. 마음의 온실
순결한 마음

어느 날 당신이 나를 찾아오니 내가 온실에서 일하고 있다고 하자. (우리 집에는 온실도 없고 내 손엔 풀물도 들지 않았지만 잠시 그렇다 치자.) 나는 당신에게 이 온실이 아버지한테 받은 선물이라고 말해 준다. 아버지는 최첨단 장비를 사용해 식물재배의 이상적 환경을 꾸몄다. 공기는 완벽하다. 조명은 정확하다. 온도도 화초, 과수 할 것 없이 무엇에나 꼭 맞는 온도다. 내가 원하는 것은 화초와 과일이다.

나는 당신에게 파종할 씨앗을 채집하러 함께 갈 것을 청한다. 그렇잖아도 나를 약간 이상한 사람으로 보고 있던 당신은 내 다음 동작을 보고 생각이 굳어진다. 당신은 내가 들판으로 걸어가 잡초 씨앗을 훑는 것을 지켜본다. 잔디씨와 민들레씨를 따는 것을. 나는 바구니를 온갖 잡초씨로 가득 채운 뒤 온실로 돌아온다.

당신은 두 눈으로 똑똑히 보고도 도대체 믿어지지 않는다. "나는 당신이 온실을 화초와 과수로 채우고 싶어하는 줄 알았습니다만."

"맞습니다."

"그렇다면 화초씨와 과일씨를 심어야 하지 않습니까?"

"그런 씨들이 얼마나 비싼지 아십니까? 거기다, 종묘사는 또 얼마나 멀고요. 됐습니다. 싸고 쉬운 길로 가겠습니다."

그대로 발걸음을 돌리는 당신의 입에서 중얼중얼 쓴 소리가 새어 나온다.

마음의 온실

심은 대로 거둔다는 것을 모르는 사람은 없다. 콩심은 데 콩나고 팥심은 데 팥난다. 그러나 땅을 가꿀 때는 잘 아는 그것을 마음을 가꿀 때는 까맣게 잊어버리니 정말 알다가도 모를 일이다.

또 하나의 온실인 당신의 마음을 잠시 생각해 보라. 유사성이 금방 눈에 띈다. 당신의 마음도 아버지로부터 받은 선물이다. 당신의 마음도 완벽한 재배 조건을 부여받았다. 당신의 마음도 온실처럼 잘 관리해야 한다.

이번에는 씨앗과도 같은 당신의 생각을 잠시 떠올려 보라. 어떤 씨는 꽃이 된다. 어떤 씨는 잡초가 된다. 희망의 씨앗을 뿌리면 낙관의 결실을 누린다. 회의의 씨앗을 뿌리면 불안의 열매를 맺는다. "사람이 무엇으로 심든지 그대로 거두리라"(갈 6:7).

증거는 어디에나 있다. 불굴의 힘으로 부정적 생각을 이겨 내며 늘 인내와 낙관과 용서를 잃지 않는 사람들을 보며 왜 그럴까 궁금했던 적이 있는가? 선(善)의 씨앗을 부지런히 뿌려 지금 그 수확을 누리고 있는 것 아닐까?

늘 우울한 모습으로 죽을상인 사람들을 보며 왜 그럴까 궁금했던 적이 있는가? 당신의 마음이 잡초와 가시덤불의 온실이라면 당신도 그렇게 될 것이다.

이런 우스갯소리를 당신도 혹 들어보았는지 모른다. 까탈스러운 아내를 둔 남자가 어느 날 퇴근해서 집에 돌아왔다. 6시 30분에 집에 들어서면서부터 아내의 기분을 띄워 보려고 한 시간이나 애써 보았지만 허사였다. 그러자 남편이 말했다. "내가 지금 막 집에 돌아온 걸로 하고 다시 해봅시다." 그는 밖으로 나갔다. 남편이 다시 문을 열자 아내가 이렇게 말하더란다. "지금 7시 반이에요. 어디 가서 뭐하다 이제 오는 거예요?"

이 아내는 잡초 같은 생각의 수확을 거두고 있는 중이었다. 잠시 멈추고 중요한 적용을 해보자. 마음이 온실이요 생각이 씨앗이라면 우리도 조심해서 씨를 뿌려야 하지 않을까? 온실에 들여놓을 씨앗을 잘 골라야 하지 않을까? 문간에 보초를 두어야 하지 않을까? 마음을 가꾸는 일은 전략을 요하는 작업이 아닐까? 성경에 의하면 그렇다. "무릇 지킬 만한 것보다 더욱 네 마음을 지키라. 생명의 근원이 이에서 남이니라"(잠 4:23). 이렇게 번역한 성경도 있다. "생각을 조심하라. 생각이 인생을 지배하기 때문이다."

얼마나 맞는 말인가! 과연 공감되지 않는지 그 원리를 한번 시험해 보라.

두 사람이 차를 몰고 가다 똑같은 교통체증에 걸린다. 한 사람은 열을 받아 속이 부글부글 끓는다. 스케줄 다 망쳤잖아. 또 한 사람은 안도의 한숨을 내쉰다. 여유를 가질 수 있는 좋은 기회야.

두 어머니가 똑같은 비극을 당한다. 한 사람은 자멸하고 만다. 난 다시 일어설 수 없어. 또 한 사람은 낙심 중에도 뜻이 분명하다. 하나님이 감당케 해주실 거야.

두 사업가가 똑같은 성공을 이룬다. 한 사람은 자기에 취하여 자만해진다.

또 한 사람은 공로를 하나님께 돌리며 감사드린다.

두 남편이 똑같은 실수를 범한다. 한 사람은 하나님의 은혜의 한계를 넘어섰다며 마음에 쓴 뿌리를 키운다. 또 한 사람은 하나님의 은혜의 새로운 깊이를 발견했다며 마음에 감사를 품는다.

"무릇 지킬 만한 것보다 더욱 네 마음을 지키라. 생명의 근원이 이에서 남이니라."

이번에는 다른 각도에서 생각해 보자. 내가 출장기간 중 다른 사람에게 우리 집 관리를 맡긴다 하자. 그 사람은 모든 것을 잘 간수하겠다고 약속한다. 그러나 내가 돌아와 보니 집은 엉망이 되어 있다. 카펫은 찢어지고 벽은 낙서투성이에 가구는 깨져 있다. 해명이라고 들어 보니 도대체 얼토당토 않은 소리다. 자전거 패거리가 찾아와 묵어갈 곳을 찾더란다. 또 럭비팀이 전화해 파티장소를 찾더란다. 물론 동아리 모임도 빼놓을 수 없다. 그들은 입단식을 할 장소가 필요했다. 주인으로서 나의 질문은 딱 하나다. "너는 거절할 줄도 모른단 말이냐? 이 집은 네 집이 아니다. 들어오고 싶다고 아무나 들여보낼 권리가 너한테는 없단 말이다."

하나님도 우리에게 똑같이 말씀하시고 싶지 않을까? 그런 생각 해본 적 있는가?

마음 지키기

우리 마음의 일부에는 이미 쓰레기가 널려 있음을 당신은 인정해야 한다. 하찮은 오물이 와서 문을 두드려도 우리는 문을 활짝 열어 젖힌다. 분노가 들이닥쳐도 들여보낸다. 복수가 머무를 곳을 찾아도 의자를 내준다. 연민이 파티를 원하면 부엌으로 안내한다. 정욕이 초인종을 울리면 새 이불을 꺼내 준다. 우리는 거절할 줄도 모른단 말인가?

모르는 이들이 많다. 우리 대부분의 경우 생각 관리란 별로 생각지 않는 문제다. 시간 관리, 체중 관리, 인사 관리, 심지어 피부 관리에는 많은 생각을 들인다. 그러나 생각 관리는 어떤가? 그 어느 것의 관리 못지 않게 생각 관리에도 관심을 기울여야 하지 않는가? 예수님은 그러셨다. 성문을 지켜선 노련한 병사처럼 그분은 자신의 마음을 살피셨다. 마음의 입구를 단단히 지키셨다. 많은 생각들이 입장을 거부당했다. 몇 가지 예를 보고 싶은가?

교만은 어떤가? 한번은 사람들이 예수님을 왕으로 추대하려 했다. 얼마나 매력 있는 생각인가! 우리라면 누구나 왕위를 생각하며 입이 벌어졌을 것이다. 혹 왕관은 마다했을지라도 그 청빙을 생각하며 자못 흡족했을 것이다. 예수님은 달랐다. "그러므로 예수께서 저희가 와서 자기를 억지로 잡아 임금 삼으려는 줄을 아시고 다시 혼자 산으로 떠나가시니라"(요 6:15).

또 하나의 극적인 예는 예수님과 베드로의 대화에서 찾아볼 수 있다. 예수께서 임박하신 십자가의 죽음을 예고하시자 충동적인 사도 베드로가 만류하고 나선다. "주여 그리 마옵소서. 이 일이 결코 주에게 미치지 아니하리이다"(마 16:22). 베드로는 이어 갈보리의 필요성에 의문을 제기하려던 참이었다. 그러나 그럴 기회가 없었다. 그리스도께서 문간을 막아서셨다. 예수님은 이단적 생각의 입안자와 전달자를 동시에 줄달음쳐 달아나게 만들었다. "사탄아 내 뒤로 물러가라. 너는 나를 넘어지게 하는 자로다. 네가 하나님의 일을 생각지 아니하고 도리어 사람의 일을 생각하는도다"(마 16:23).

예수께서 조롱당하시던 때는 어떤가? 당신은 사람들한테 비웃음을 당해 본 일이 있는가? 예수님도 있었다. 병든 소녀를 고쳐 달라는 부탁을 받고 그 집에 가보니 사람들은 예수께 소녀가 이미 죽었다고 말했다. 예수님의 반응 은? "이 아이가 죽은 것이 아니라 잔다." 집에 와 있던 사람들의 반응은? "저 희가 비웃더라." 우리 모두와 마찬가지로 예수님도 모욕의 순간에 부딪쳐야 했다. 그러나 우리들 대부분과는 달리 그분은 그 모욕받기를 거부하셨다. 그 분의 단호한 반응을 보라. "예수께서 저희를 다 내어보내신 후에"(막 5:39-40). 조롱은 소녀의 집에도 주님의 마음에도 입장이 허용되지 않았다.

예수님은 마음을 지키셨다. 그분이 그러셨다면 우리도 그래야 하지 않는 가? 말할 것도 없다. "무릇 지킬 만한 것보다 더욱 네 마음을 지키라. 생명의 근원이 이에서 남이니라." 예수님은 당신의 마음이 비옥하여 많은 열매를 맺 기 원하신다. 당신의 마음이 그분의 마음 같기 원하신다. 그것이 당신을 향 한 하나님의 목표이다. 그분은 당신이 "그리스도 예수의 마음을 품기"(빌 2:5) 원하신다. 하지만 어떻게? 해답은 놀랄 정도로 간단하다. 이 한 가지를 결단하면 우리는 변화될 수 있다. 나는 내 생각을 예수님의 권위에 복종시키 리라.

마태복음 끝부분에 나오는 예수님의 의미심장한 주장을 우리는 그냥 간 과하기 쉽다. "하늘과 땅의 모든 권세를 내게 주셨으니"(마 28:18). 예수님 은 자신이 하늘과 땅의 최고 경영자라 주장하신다. 삼라만상 특히 우리 생각 의 최종 결정권은 그분께 있다. 예컨대 그분의 권위는 당신의 부모보다 높 다. 부모는 당신이 쓸모없는 존재라 말할지 모르지만 예수님은 당신이 소중 한 존재라 말씀하신다. 부모도 그분의 권위 아래 있다. 당신에 대한 그분의 권위는 당신 자신보다도 높다. 당신은 스스로를 죄가 너무 많아 용서받을 수 없는 자로 볼지 모르지만 예수님은 생각이 다르시다. 당신에 대한 권위를 그분께 드린다면 그런 정죄의 생각은 더 이상 허용되지 않는다.

예수님의 권위는 당신의 생각에도 미친다. 당신이 은행 강도를 생각하고 있다고 하자. 예수님은 도둑질이 잘못임을 분명히 하셨다. 당신의 생각을 그분의 권위 아래 둔다면 절도계획은 당신의 생각 속에 남아 있을 수 없다.

권위라는 말의 의미를 알겠는가? 순결한 마음을 지니려면 우리의 모든 생각을 그리스도의 권위에 복종시켜야 한다. 우리가 기꺼이 그럴 마음만 있다면 그분은 우리를 자신의 모습으로 변화시켜 주실 것이다. 변화의 과정은 이렇다.

문간을 지키라

다시 온실 얘기로 돌아가 보자. 당신의 마음은 좋은 과일을 맺을 준비가 돼 있는 비옥한 온실이다. 당신의 생각은 마음의 문간—뿌릴 씨앗과 버릴 씨앗을 결정하는 전략적 장소—이다. 성령은 안으로 들어오려는 생각들의 관리와 여과작업을 도우실 준비가 되어 있다.

그분은 당신과 함께 문턱에 서 있다. 수상한 생각이 접근해 온다. 문을 활짝 열어 들여보낼 것인가? 물론 안된다. 당신은 "모든 생각을 사로잡아 그리스도에게 복종케"(고후 10:5) 한다. 문을 무방비 상태로 그냥 두지 않는다. 부적합한 생각을 사로잡을 만반의 준비를 갖추고 수갑과 족쇄를 들고 서 있다.

예를 들어 당신의 자존감에 대한 생각이 접근해 온다고 하자. 건방지기 이를 데 없는 동네 깡패의 모습으로 그 생각이 문간으로 으스대며 걸어와 말한다. "이 패배자! 너는 평생 패배자였지. 인간관계도 직업도 야망도 다 날려 버렸어. 아마 이력서에 쓸모없는 폐품이라고 써도 될 걸. 그게 바로 너니까."

보통 사람 같으면 문을 열고 그 생각을 들여보낸다. 그러면 그 생각은 잡초 씨앗처럼 옥토를 찾아 뿌리를 내려 열등감의 가시를 맺는다. 보통 사람은 이렇게 말한다. "네 말이 맞다. 나는 쓸모없는 존재야. 어서 들어와라."

그러나 그리스도인인 당신은 보통 사람이 아니다. 성령의 인도함을 받는 자다. 그러므로 당신은 그 생각을 들여보내지 않고 포로로 사로잡는다. 수갑을 채워 법정으로 끌고 가 그리스도의 재판석 앞에 그 생각을 내놓는다.

"예수님, 이 생각이 말하기를 저는 폐품이요 패배자이며 평생 아무것도 될 수 없다고 합니다. 예수님 생각은 어떻습니까?"

지금 당신은 무엇을 하고 있는가? 그렇다. 생각을 그리스도의 권위에 복종시키고 있다. 예수님이 그 생각에 찬성하면 그때는 들여보내라. 그렇지 않다면 차내 버려라. 이 경우 예수님은 반대이다.

예수님이 찬성인지 반대인지 어떻게 아는가? 성경을 펴보라. 하나님은 당신을 어떻게 생각하시는가? 에베소서 2:10이 확인하기 좋은 곳이다. "우리는 그의 만드신 바라. 그리스도 예수 안에서 선한 일을 위하여 지으심을 받은 자니 이 일은 하나님이 전에 예비하사 우리로 그 가운데서 행하게 하려 하심이니라." 로마서 8:1은 어떤가? "그러므로 이제 그리스도 예수 안에 있는 자에게는 결코 정죄함이 없나니."

당신이 못났다거나 하찮은 존재라고 말하는 생각은 분명 시험을 통과하지 못하며 따라서 입장이 허용되지 않는다. 이제 당신은 깡패의 정강이를 힘차게 걷어차 줄행랑치는 것을 지켜볼 권리가 있다.

다른 예를 생각해 보자. 첫번째 생각이 깡패였다면 이번 생각은 열성 팬이다. 팬이 찾아오는 것은 당신이 얼마나 못난 존재인지를 말하려 함이 아니라 당신이 얼마나 잘난 존재인지를 말하려 함이다. 이 생각이 문간으로 달려와 찬탄을 쏟아 낸다. "와, 멋있다! 정말 멋있다! 당신이 있음은 이 세상에 얼마나 큰 복인가." 열성 팬의 아첨은 끝이 없다.

이것이야말로 전형적으로 환영받는 부류의 생각이다. 그러나 당신은 전형적인 방식으로 처리하지 않는다. 당신은 마음을 지킨다. 성령 안에서 행한다. 모든 생각을 사로잡는다. 당신은 이번에도 예수님께 간다. 이 생각도 그리스도의 권위에 복종시킨다. 성령의 검을 뽑아 보니, 즉 하나님의 말씀을 펴보니 교만은 하나님이 기뻐하시는 바가 아니다.

"마땅히 생각할 그 이상의 생각을 품지 말고 오직 하나님께서 각 사람에게 나눠 주신 믿음의 분량대로 지혜롭게 생각하라"(롬 12:3).

"내게는 우리 주 예수 그리스도의 십자가 외에 결코 자랑할 것이 없으니"(갈 6:14).

아무리 이 달콤한 생각을 온실에 환영하고 싶어도 당신은 그럴 수 없다. 그리스도께서 허용하시는 것만 당신도 허용할 수 있다.

한 가지 예를 더 보자. 이번에는 비난의 생각도 아니고 아첨의 생각도 아니고 유혹의 생각이다. 당신이 남자라면 그 생각은 야한 붉은 옷을 입었다. 당신이 여자라면 그 생각은 당신이 늘 원하던 멋진 남자다. 악수로 손끝이 스칠 때 향수 내음이 확 퍼지면서 은근히 초청의 말이 들려온다. "어서! 괜찮아. 우린 다 큰 어른이야."

어떻게 할 것인가? 당신이 그리스도의 권위 아래 있지 않다면 문을 활짝 열 것이다. 그러나 당신이 그리스도의 마음을 가졌다면 뒤로 물러서며 이렇게 말하리라. "너무 성급하시군요. 우리 형님의 허락이 있어야 됩니다." 그리하여 당신은 그 성적인 행동을 예수님 앞에 가져가 여쭙는다. "찬성입니까, 반대입니까?"

그분의 대답이 고린도전서 6-7장보다 더 분명한 곳은 없을 것이다. "음행을 피하라. 죄마다 몸 밖에 있거니와 음행하는 자는 자기 몸에게 죄를 범하느니라…남자가 여자를 가까이 아니함이 좋으나 음행의 연고로 남자마다 자기 아내를 두고 여자마다 자기 남편을 두라"(6:18, 7:1-2).

그리스도의 뜻과 성령의 검으로 무장한 당신은 이제 어떻게 할 것인가? 유혹자가 당신의 배우자가 아니라면 문을 닫아걸라. 초청이 배우자에게서 온 것이라면 그야말로 반가운 일이다.

요지는 이것이다. 당신의 마음의 문간을 지키라. 당신의 생각을 그리스도의 권위에 복종시키라. 씨앗을 잘 고를수록 수확의 기쁨도 커진다.

소망 중에 즐거워하며
환난 중에 참으며 기도에 항상 힘쓰며.

로마서 12:12

10. 쓰레기더미에서 주운 금

희망에 찬 마음

윌리엄 라스지(William Rathje)는 쓰레기를 좋아한다. 하버드 출신의 이 연구가는 우리가 세상의 쓰레기더미로부터 많은 것을 배울 수 있다고 확신한다. 고고학자들은 한 사회를 연구하기 위해 언제나 쓰레기를 살핀다. 라스지가 하는 일도 같다. 다만 오랜 세월 기다리지 않을 뿐이다. 그가 설립한 쓰레기 프로젝트라는 기관은 전국을 돌아다니며 쓰레기 매립지를 파헤쳐 미국인의 식습관, 복식(服飾), 경제 수준 등을 문서로 작성한다.[1] 라스지는 쓰레기 속에서 의미를 발견할 줄 아는 사람이다.

이 기관에서 발표한 문건에 따르면 가구당 음식물의 10-15%는 쓰레기로 버려진다. 미국인 1인당 하루 쓰레기 배출량은 250그램이며, 뉴욕 시 근처에 있는 미국 최대의 쓰레기 매립지에는 파나마 운하를 메울 만한 쓰레기가 묻혀 있다. 라스지에 따르면 쓰레기는 우리가 생각하는 것보다 분해 속도가 느리다. 1973년도의 스테이크 조각이 통째로 발견됐는가 하면 트루먼 대통령 당시의 신문도 그대로 읽을 수 있는 상태였다. 그야말로 라스지는 잡동사

니를 들여다보며 많은 것을 배우고 있다.

라스지의 기사를 읽다 보니 얄궂은 궁금증이 일었다. "오물학자"의 삶은 어떤 것일까? 오물학자가 강연하면 "허튼 소리"(trash talk)가 될까? 간부회의는 "폐물 검사"(rubbish reviews)가 될까? 출장은 "쓰레기 여행"(junkets)이 될까? 업무에 대해 공상에 빠지면 그 부인이 지저분한 생각 집어치우라고 할까?

지저분한 일이야 라스지에게 맡기고 싶지만 쓰레기를 대하는 그 태도는 내 관심을 끈다. 우리도 똑같은 태도를 배운다면 어떻게 될까? 우리 삶에 찾아오는 쓰레기를 보는 시각이 달라졌다고 생각해 보라. 사실 당신도 당신 몫의 쓰레기를 참아 내고 있지 않은가? 교통체증. 컴퓨터 고장. 휴가 연기.

그뿐 아니라 덤프 트럭조차 우리의 쓰레기를 다 담아 가지 못하는 날들도 있다. 병원 치료비. 이혼 서류. 월급 삭감. 배신. 트럭 가득한 슬픔이 당신에게 쏟아 부어질 때 당신은 어떻게 하는가?

라스지의 사무실 벽에는 그가 어느 신문에서 건진 기사제목이 액자에 담겨 걸려 있다. "쓰레기더미에서 주운 금." 이 오물학자는 쓰레기에서 보석도 건지고 있다. 예수님도 그러셨다. 모든 사람이 재난이라 여긴 것을 그분은 기회로 보셨다. 그렇게 남들이 보지 못한 것을 보셨기에 그분은 남들이 놓친 것을 건지실 수 있었다.

사역 초기에 예수님은 우리의 비전에 대해 이런 말씀을 주셨다. "눈은 몸의 등불이니 그러므로 네 눈이 성하면 온 몸이 밝을 것이요 눈이 나쁘면 온 몸이 어두울 것이니"(마 6:22-23).

다시 말해서 인생을 어떻게 보느냐가 인생을 어떻게 사느냐를 결정짓는다는 말이다. 예수님은 원리만 밝혀 주신 것이 아니다. 직접 모본이 되셨다.

역사의 가장 어두운 밤

죽으시기 전날 밤 실제로 재난의 매립지가 통째로 예수님께 덮쳐 왔다. 겟세마네 기도와 형식상의 재판 사이 어딘가에 인류 역사의 드라마에 가장 어두운 장면이 펼쳐진다. 사건이 발생한 기간이야 통틀어 5분도 안되셨지만 그 사건 속에는 수천의 덤프 트럭을 채우고도 남을 악이 쌓여 있다. 예수님만 빼고는 단 한 사람도 선을 행하지 않았다. 단 한 가지 선도. 그 장면 속에 용기나 의리가 조금이라도 있는지 샅샅이 뒤져 보라. 허사일 뿐이다. 눈에 띄는 거라고는 거짓과 배반이 뒤섞인 쓰레기더미뿐이다. 그러나 그 모든 와중에서도 예수님은 희망의 이유를 보셨다. 그분의 시각 속에서 우리는 좇아야 할 모본을 발견한다.

일어나라. 함께 가자. 보라, 나를 파는 자가 가까이 왔느니라. 말씀하실 때에 열둘 중에 하나인 유다가 왔는데 대제사장들과 백성의 장로들에게서 파송된 큰 무리가 검과 몽치를 가지고 그와 함께 하였더라. 예수를 파는 자가 그들에게 군호를 짜 가로되 내가 입맞추는 자가 그이니 그를 잡으라 하였는지라. 곧 예수께 나아와 랍비여, 안녕하시옵니까 하고 입을 맞추니 예수께서 가라사대 친구여, 네가 무엇을 하려고 왔는지 행하라 하신대 이에 저희가 나아와 예수께 손을 대어 잡는지라. 예수와 함께 있던 자 중에 하나가 손을 펴 검을 빼어 대제사장의 종을 쳐 그 귀를 떨어뜨리니 이에 예수께서 이르시되 네 검을 도로 집에 꽂으라. 검을 가지는 자는 다 검으로 망하느니라. 너는 내가 내 아버지께 구하여 지금 열두 영 더 되는 천사를 보내시게 할 수 없는 줄로 아느냐. 내가 만일 그렇게 하면 이런 일이 있으리라 한 성경이 어떻게 이루어지리요 하시더라. 그때에 예수께서 무리에게 말씀하시되 너희가 강도를 잡는 것같이 검과 몽치를 가지고 나를 잡으러 나왔느냐. 내가 날마다 성전에 앉아 가르쳤으되 너희가 나를 잡지 아니하였도다. 그러나 이렇게 된 것은 다 선지자들의 글을 이루려 함이니라 하시더라. 이에 제자들이 다 예수를 버리고 도망하니라(마 26:46-56).

이 체포 사건을 어떤 기자가 취재했다면 머릿기사의 내용은 아마도 이와 같았으리라.

예수의 어두운 밤
측근에게 버림받은 갈릴리 설교자

지난 금요일 이들은 종려나무 잎으로 그를 환영했다. 어젯밤 이들은 칼을 들고 그를 체포했다. 도시 성벽 바로 외곽의 한 동산에서 군사들과 성난 시민의 무리에 체포되면서 나사렛 예수의 세계는 좌초하고 말았다. 승리의 입성이 있은 지 일주일도 안되어 그의 명성은 치명적 위기를 맞았다. 그의 추종자들조차 그의 편에 서지 않았다. 며칠 전까지만 해도 그와 함께 다니는 것을 과시하던 제자들이 어젯밤에는 그를 버리고 달아났다. 군중은 죽음을 부르짖고 제자들은 일체의 관련을 부인하는 가운데 이 저명한 교사의 미래는 암울해 보이고 그의 사명의 영향도 그리 오래 가지 않을 것으로 보인다.

예수님의 삶에서 가장 어두웠던 그 밤은 위기 또 위기, 그야말로 위기 일색이었다. 잠시 후면 우리도 예수께서 보신 것을 보겠지만 우선은 제3의 관찰자가 겟세마네 동산에서 목격했을 장면부터 생각해 보자.

첫째 그는 **응답되지 않은 기도**를 보았을 것이다. 예수님은 하나님께 고통 중에 이렇게 호소했다. "내 아버지여, 만일 할 만하시거든 이 잔을 내게서 지나가게 하옵소서. 그러나 나의 원대로 마시고 아버지의 원대로 하옵소서" (마 26:39). 이것은 고요하고 평온한 기도시간이 아니었다. 마태는 예수께서 "고민하고 슬퍼하셨다"(마 26:37)고 했다. 주님은 "얼굴을 땅에 대시고" 하나님께 부르짖었다. 누가는 예수께서 "힘쓰고 애써" 기도하사 "땀이 땅에 떨어지는 핏방울같이"(눅 22:44) 되었다고 했다.

일찍이 땅은 그렇게 애절한 요청을 올려 본 일이 없다. 일찍이 하늘은 그렇게 싸늘한 침묵을 고수한 일이 없다. 예수님의 기도는 응답되지 않았다. **예수님과 응답되지 않은 기도**가 한 문장 안에? 이것이야말로 언어도단 아닌가? 헨리의 아들이 포드 차가 없으며 빌 게이츠의 아들이 컴퓨터가 없을 수 있는가? 천하만물의 주인이신 하나님이 아들에게 뭔가를 거절하실 수 있단 말인가? 그날 밤은 그러셨다. 그 결과 예수님은 응답되지 않은 기도의 딜레마를 해결하셔야 했다. 그러나 그것은 아직 시작에 불과했다. 곧이어 누가 등장하는가 보라.

"유다가 왔는데 대제사장들과 백성의 장로들에게서 파송된 큰 무리가 검과 몽치를 가지고 그와 함께 하였더라…이에 저희가 나아와 예수께 손을 대어 잡는지라"(마 26:47, 50).

유다는 성난 무리와 함께 왔다. 역시 관찰자 시점으로 보아 이 무리는 또 하나의 위기였다. 예수님은 응답되지 않은 기도에 직면해야 했을 뿐 아니라 **열매 없는** 사역에 부딪쳐야 했다. 그분이 구원하러 오신 바로 그 사람들이 그분을 체포하러 온 것이다.

이날 밤에 대한 당신의 인상을 바꿔 놓을 수도 있는 사실이 하나 있다. 당신은 어쩌면 유다가 두세 개의 회중전등을 든 여남은 명의 병사를 데리고 왔다고 생각하는지 모른다. 그러나 마태는 "큰 무리"가 예수님을 체포하러 왔다고 말한다. 요한은 더 구체적이다. 그가 사용한 "군대"(요 18:3)라는 말은 헬라어로 스페이라(*speira*)인데 이는 최소한 200명의 군병력을 가리키는 말이다. 많게는 1,900명의 병력을 지칭할 수도 있다.[2]

요한의 표현에 힘입어 우리는 수백 명의 군사들이 동산에 꼬리를 물고 들어오는 모습을 좀더 정확히 볼 수 있다. 그 숫자에 마태가 단순히 "큰 무리"라고 불렀던 구경꾼들을 더해 보라. 그야말로 대군중이 된다.

모인 사람이 그 정도라면 적어도 한 사람은 예수님을 변호할 자가 있을 것이다. 예수님은 얼마나 많은 사람을 도와주셨던가. 그 모든 설교, 그 모든 기적. 드디어 열매를 맺을 때가 왔다. "예수님은 무죄하신 분이오!" 하고 외칠 그 한 사람을 기다려 본다. 그러나 아무도 없다. 그분을 두둔해 주는 자가 단 한 사람도 없다. 예수님이 구원하러 오신 사람들이 그분께 등을 돌린 것이다.

군중이야 대충 용서할 수 있다. 그들이 예수님을 접한 시간은 너무 짧았고 너무 가벼웠다. 그들은 별로 잘 몰랐을 것이다. 하지만 제자들은 알았다. 더 잘 알았다. **그분을** 더 잘 알았다. 그렇다고 그들이 예수님을 변호하고 나섰는가? 아니다. 예수께서 삼키셔야 했던 가장 쓴 약은 제자들의 믿을 수 없는 배반이었다.

배반자는 유다만이 아니었다. 마태의 솔직한 고백은 높이 살 만하다. "이에 제자들이 다 예수를 버리고 도망하니라"(마 26:56).

"다"라는 이 짧은 한마디 안에 엄청난 고통이 응어리져 있다. "이에 제자들이 다…도망하니라." 요한도 갔다. 마태도 갔다. 시몬도 갔다. 도마도 갔다. 다 갔다. 이 단어가 마지막으로 사용된 것은 그리 오래 전 일이 아니다. "베드로가 가로되 내가 주와 함께 죽을지언정 주를 부인하지 않겠나이다 하고 모든 제자도 이와 같이 말하니라"(마 26:35).

다 충성을 맹세했다. 그리고 다 도망갔다. 외부에서 들여다볼 때 우리 눈에 보이는 거라고는 온통 배반뿐이다. 제자들은 그분을 버렸다. 사람들은 그분을 거부했다. 하나님도 그분의 말을 들어주지 않으셨다. 한 사람에게 그렇게 중한 쓰레기가 쏟아 부어진 적은 일찍이 없었다. 게으름뱅이 아빠들과 간교한 아내들과 탕자 아이들과 부정직한 직원들의 모든 불충 행위를 한 더미로 쌓아 올리라. 예수께서 그날 밤 직면하셔야 했던 것이 조금은 느껴질 것이다. 인간적인 관점에서 예수의 세계는 무너져 내렸다. 하늘은 응답이 없고 사람들은 도움이 없고 친구들은 충절이 없다.

쓰레기더미에 목까지 잠겨 있는 예수. 나라면 그 장면을 그렇게 묘사했을 것이다. 기자들도 그 장면을 그렇게 묘사했을 것이다. 목격자도 그 장면을 그렇게 묘사했을 것이다. 그러나 예수님은 그렇게 보지 않으셨다. 그분은 전혀 다른 것을 보셨다. 쓰레기를 보지 못한 것은 아니지만 거기서 그치지 않으셨다. 그분은 악 속에서 선을, 고통 속에서 뜻을, 문제 속에서 하나님의 임재를 보셨다.

우리도 예수님의 2.0/2.0 시력을 조금은 사용할 수 없을까? 당신과 나도 쓰레기 세상을 살고 있다. 원치 않는 쓰레기가 꾸준히 우리 앞으로 쏟아지고 있다. 우리도 응답되지 않는 기도, 이루어지지 않는 꿈, 믿을 수 없는 배반 속에 살고 있지 않은가? 당신은 재난과 상처의 쓰레기봉지를 건네받은 일이 없는가? 물론 있을 것이다. 묻고 싶다. 그런 쓰레기를 어떻게 할 참인가?

예수께서 보신 것을 보는 눈

몇 가지 길이 있다. 우선 감출 수 있다. 쓰레기봉지를 주머니에 쑤셔 넣거나 옷 안쪽에 숨겨 두고 없는 척할 수 있다. 하지만 남들을 속일 수 없다는 것을 당신과 나는 안다. 게다가 얼마 안 있어 쓰레기에서 냄새가 날 것이다. 아니면 위장할 수 있다. 초록색 페인트를 칠해 앞마당에 두고 모든 사람들한테 나무라고 말할 수 있다. 역시 아무도 속지 않을 것이다. 얼마 안가서 악취를 풍길 것이다. 그러니 당신은 어찌할 것인가? 그리스도의 본을 따른다면 당신도 힘겨운 시간을 다르게 보는 법을 배우게 되리라. 잊지 말라. 하나님은 당신을 있는 그대로 사랑하신다. 그러나 그대로 두시지는 않는다. 하나님은 당신이 희망에 찬 마음을 품기 원하신다. 예수님처럼.

그리스도께서 하신 일은 이렇다.

그분은 악 속에서 선을 찾으셨다. 유다보다 나쁜 사람도 찾기 어려울 것이다. 유다를 착한 사람으로 보는 이들도 있다. 선의의 방법이 뜻밖의 결과를 낳았을 뿐이라는 식이다. 나는 찬성할 수 없다. 성경은 말한다. "저는 도적이라. 돈궤를 맡고 거기 넣는 것을 훔쳐 감이러라"(요 12:6). 유다는 도둑이었다. 신기하게도 그는 하나님의 임재 안에 살며 그리스도의 많은 기적을 체험하고도 여전히 변화되지 않을 수 있었다. 결국 그는 친구보다는 돈을 갖기로 하고 예수를 은 30에 팔았다. 미안하지만 어떤 사람이든 그 목숨의 가치는 은 30은 넘는다. 유다는 악당이요 사기꾼이요 건달이었다. 누군들 그를 다르게 볼 수 있으랴?

나는 모른다. 그러나 예수님은 그를 다르게 보셨다. 코앞에 마주선 배반자의 얼굴을 보며 그분은 말씀하셨다. "친구여, 네가 무엇을 하려고 왔는지 행하라"(마 26:50). 예수님이 유다 안에서 친구라 부를 만한 어떤 가치를 보셨는지 나로서는 상상이 안간다. 그러나 내가 분명히 아는 것은 예수께서 거짓말을 하지 않으신다는 것이다. 그 순간 예수님은 이 악인 안에서 뭔가 선을 보셨다.

우리도 똑같이 하면 얼마나 좋을까. 어떻게 그럴 수 있을까? 역시 예수께서 모본을 보이셨다. 그분은 모든 것을 유다 탓으로 돌리지 않으셨다. 그날 밤 그분은 또 하나의 존재를 보셨다. "이제는…어두움의 권세로다"(눅 22:53). 유다에게 죄가 없는 것은 결코 아니나 유다 혼자 하는 일만도 아니었다. 당신의 적도 혼자 움직이지 않는다. "우리의 씨름은 혈과 육에 대한 것이 아니요 정사와 권세와 이 어두움의 세상 주관자들과 하늘에 있는 악의 영들에게 대함이라"(엡 6:12).

우리를 배반하는 이들은 타락한 세상의 피해자다. 모든 것을 그들 탓으로만 돌릴 필요는 없다. 예수님은 유다의 얼굴에서도 그를 친구라 부를 만한 선을 찾으셨다. 우리도 우리에게 상처를 주는 사람들에게 똑같이 할 수 있도록 그분은 우리를 도우실 수 있다.

예수님은 악 속에서 선을 찾으셨을 뿐 아니라 **고통 속에서 뜻을 찾으셨다.**
예수께서 체포 현장에서 말씀하신 98개의 단어 중 30개는 하나님의 뜻에 대한 것이다.

- 내가 만일 그렇게 하면 이런 일이 있으리라 한 성경이 어떻게 이루어지리요(마 26:54).
- 이렇게 된 것은 다 선지자들의 글을 이루려 함이니라(56절).

예수님은 당면하신 고통을 더 큰 계획의 한 필수부분으로 보셨다. 겟세마네의 대립을 하나님의 드라마의 전체 각본에 담긴 중요하고도 특이한 한 막(幕)으로 보신 것이다.

최근 여행길에 나는 이와 비슷한 장면을 목격했다. 딸 안드리아와 함께 비행기로 세인트루이스에 가던 중이었다. 비행기는 폭풍으로 늦게 출발한 뒤 다른 도시로 항로를 바꾸었다. 그곳 활주로 위에서 우리는 비구름이 지나기를 기다렸다. 언제나 도착할까 시계를 들여다보며 손가락을 두드리고 있는데 통로 건너편에 앉아 있던 남자가 내 팔을 꾹 찌르더니 내 성경을 좀 빌려도 되겠느냐고 물었다. 나는 그에게 성경을 건네주었다. 그는 옆자리의 젊은 여자 쪽으로 몸을 돌리고는 성경을 폈다. 두 사람은 남은 여정 내내 성경을 읽었다.

얼마 후 하늘이 개이면서 우리의 여행도 다시 시작됐다. 세인트루이스에 착륙할 즈음 그는 내게 성경을 돌려주며 가만가만 내막을 들려주었다. 여자가 비행기를 탄 것은 이번이 처음이었다. 얼마 전 육군에 입대하여 처음으로 집을 떠나는 길이었다. 남자는 여자에게 그리스도를 믿느냐고 물었고, 여자는 믿고 싶으나 방법을 모른다고 말했다. 그래서 그는 내 성경을 빌려 여자에게 예수님에 대해 말해 주었다. 비행기가 착륙할 즈음 여자는 그에게 이제 예수님을 하나님의 아들로 믿는다고 말했다.

그후로 줄곧 그 사건에 대해 이런 생각이 들었다. 그 여자에게 복음을 듣게 하려고 하나님이 폭풍을 부르신 것일까? 충분한 시간 동안 예수님 얘기를 듣게 하려고 도착을 지연시키신 것일까? 정말 그러셨는지도 모른다. 그것이 예수께서 자신 앞에 닥쳐온 폭풍을 보신 시각이었다. 하나님의 계획에 꼭 필요한 비구름으로 보신 것이다. 다른 사람들이 잿빛 하늘을 본 곳에서 예수님은 하나님의 뜻을 보셨다. 그분의 고난은 예언을 성취하기 위해 필요한 것이었으며 그분의 희생은 율법을 성취하기 위해 필요한 것이었다.

당신도 희망에 찬 마음을 갖고 싶지 않은가? 세상을 예수님의 눈으로 보고 싶지 않은가? 우리가 응답 없는 기도를 보는 곳에서 예수님은 기도의 응답을 보셨다. 우리가 하나님의 부재를 보는 곳에서 예수님은 하나님의 계획을 보셨다. 마태복음 26 : 53을 특히 주목해 보라. "너는 내가 내 아버지께 구하여 지금 열두 영 더 되는 천사를 보내시게 할 수 없는 줄로 아느냐?" 예수께서 쓰레기더미 속에서 보신 모든 보화 중에서도 이것이야말로 가장 의미 있는 것이다. 그분은 아버지를 보셨다. 문제 속에 계시는 아버지의 임재를 보셨다. 열두 영의 천사가 그분 눈에는 보였다.

하지만 예수님은 하나님이잖아. 그분은 보이지 않는 것도 보실 수 있어. 천국을 보는 눈과 초자연 세계를 보는 시각이 있단 말이야. 난 그런 것들이 보이지 않아.

지금은 그럴지 모른다. 그러나 하나님의 능력을 과소 평가하지 말라. 당신이 인생을 보는 방식을 하나님은 바꾸실 수 있다.

증거가 필요한가? 엘리사와 그 사환의 예가 어떨까? 두 사람이 도단에 있었을 때 성난 왕은 군사를 보내 그들을 멸하려 했다.

> 하나님의 사람의 수종드는 자가 일찍이 일어나서 나가보니 군사와 말과 병거가 성을 에워쌌는지라. 그 사환이 엘리사에게 고하되 아아, 내 주여, 우리가 어찌 하리이까. 대답하되 두려워하지 말라. 우리와 함께한 자가 저와 함께한 자보다 많으니라 하고 기도하여 가로되 여호와여, 원컨대 저의 눈을 열어서 보게 하옵소서 하니 여호와께서 그 사환의 눈을 여시매 저가 보니 불말과 불병거가 산에 가득하여 엘리사를 둘렀더라(왕하 6:15-17).

사환은 하나님의 능력으로 천사를 보았다. 당신에게도 똑같은 일이 일어날 수 없다고 누가 말할 수 있겠는가?

하나님은 우리의 문제를 없애 주겠다고 약속하시지 않는다. 문제를 보는 우리의 시각을 바꿔 주겠다고 약속하신다. 사도 바울이 열거한 쓰레기자루를 보라. 환난, 곤고, 핍박, 기근, 적신, 위험, 칼. 우리가 정말 비켜 가기 원하는 문제의 덤프 트럭들이다. 그러나 바울은 이런 문제의 가치를 인정한다. "이 모든 일에 우리를 사랑하시는 이로 말미암아 우리가 넉넉히 이기느니라"(롬 8:35-37). 우리라면 "이 모든 일에" 대신 "이 모든 일 **없이**"를 더 좋아할 것이다. 그러나 바울은 "이 모든 **일에**"라고 말한다. 해답은 문제를 피하는 것이 아니라 문제를 보는 시각을 바꾸는 데 있다.

하나님은 당신의 시력을 교정해 주실 수 있다.

그분은 물으신다. "누가…눈 밝은 자나 소경이 되게 하였느뇨." 그리고 답하신다. "나 여호와가 아니뇨"(출 4:11). 하나님은 발람으로 천사를 보게 하셨고 엘리사로 군대를 보게 하셨고 야곱으로 사다리를 보게 하셨고 사울로 구주를 보게 하셨다. "선생님이여, 보기를 원하나이다"(마 10:51). 많은 사람이 소경의 간구를 올렸다. 그리고 많은 사람이 분명한 시력을 얻어 돌아갔다. 하나님이 당신에게도 똑같은 일을 해주시지 않으리라고 누가 말할 수 있겠는가?

새 노래로 여호와께 노래하라.
온 땅이여, 여호와께 노래할지어다.
여호와께 노래하여 그 이름을 송축하며
그 구원을 날마다 선파할지어다.

시편 96:1-2

너희 이름이 하늘에 기록된 것으로 기뻐하라.

누가복음 10:20

11. 하늘에 잔치가 열릴 때

기뻐하는 마음

어젯밤 나는 가족들로부터 심혈을 기울인 대접을 받았다. 나를 위해 파티를 연 것이다. 뜻밖의 생일파티였다. 지난 주 초부터 나는 데닐린에게 가족끼리 식당에 가 좋은 저녁을 보내는 것 외에는 아무것도 계획하지 말라고 말했다. 아내는 식당 부분만 들었다. 대여섯 명의 가족들이 더 합류하게 될 줄은 꿈에도 몰랐다.

사실 나는 아내에게 그냥 집에 있자고도 해보았다. "외식은 다른 날 합시다." 자청하여 그렇게 말했다. 안드리아는 아팠다. 제나는 숙제가 있었고, 나는 풋볼경기 보며 오후를 보낸 뒤 좀 나른해 있었다. 일어나 꾸미고 외출할 기분은 정말 아니었다. 나는 딸아이들에게 저녁을 연기하자고 설득하는 데 별 문제가 없을 줄 알았다. 정말 놀랐다! 아이들은 생각조차 해보려 들지 않았다. 내가 반론을 내놓을 때마다 연합전선을 펴며 만장일치로 방어하고 나섰다. 저녁 외식에 대해 가족들은 한치의 양보도 없었다.

그뿐 아니었다. 출발도 정시에 해야 했다. 나는 결국 가족들 뜻에 따르기로 하고 준비에 들어갔다. 그러나 가족들은 내 굼뜬 행동에 어찌할 바를 몰랐다. 우리는 완벽한 대조를 이루고 있었다. 내 태도는 "서두를 것 뭐 있냐"였고 딸들의 태도는 "빨리빨리 좀 해요"였다. 나는 "슬슬 나가볼까"였고 아이들은 "한시가 급한데"였다. 나는 집에 있는 것이 좋았고 아이들은 떠나고 싶어 안달이었다. 솔직히 가족들의 행동이 이상해 보였다. 전에 없이 유별나게 정시 출발을 고집하고 있었다. 궁금증과 기대가 동시에 일었다. 왜들 이 난리일까? 외식이야 나도 누구 못지 않게 좋아하는 사람인데. 사라는 식당으로 가는 내내 낄낄 웃어댔다.

도착한 후에야 가족들의 행동이 이해가 갔다. 문을 열고 한 걸음 들어선 후에야 그들의 열성이 이해가 됐다. **깜짝 파티**! 그러니 행동이 달랐을 수밖에. 가족들은 내가 몰랐던 것을 알고 있었다. 그들은 내가 보지 못한 것을 이미 보았다. 이미 식탁을 보았고 선물을 쌓아 올렸고 케이크 냄새를 맡았던 것이다. 파티에 대해 알았기에 그들은 내가 그것을 놓치지 않게 하려고 각방의 노력을 다했던 것이다.

예수님도 우리에게 똑같이 해주신다. 그분은 **최고의 파티**에 대해 알고 계신다. 성경에서 가장 위대한 장 중 하나인 누가복음 15장에서 그분은 세 가지 이야기를 들려주신다. 셋 다 뭔가를 잃었다 다시 찾은 이야기다. 잃어버린 양. 잃어버린 동전. 잃어버린 아들. 예수님의 이야기는 하나같이 파티로 끝난다. 잔치가 벌어지는 것이다. 목자는 잃었다 다시 찾은 양을 위해 파티를 벌인다. 여자는 잃었다 다시 찾은 동전 때문에 파티를 벌인다. 아버지는 잃었다 다시 찾은 아들을 기념하여 잔치를 벌인다.

세 개의 비유가 전부 파티로 끝난다. 세 이야기에 똑같이 등장하는 단어가 있다. **즐거워한다**는 단어다. 잃은 양을 찾은 목자에 대해 예수님은 이렇게 말씀하신다. "또 찾은 즉 **즐거워** 어깨에 메고 집에 와서"(눅 15:5-6). 동전을 찾은 여자는 이웃들을 불러 말한다. "나와 함께 **즐기자**. 잃은 드라크마를 찾았노라"(9절). 탕자의 아버지는 못마땅해하는 맏아들에게 이렇게 설명한다. "이 네 동생은 죽었다가 살았으며 내가 잃었다가 얻었기로 우리가 **즐거워하고** 기뻐하는 것이 마땅하다"(32절).

요지는 분명하다. 예수님이 가장 즐거우실 때는 잃은 영혼을 찾으셨을 때이다. 구원의 순간에 견줄 수 있는 순간은 그분께 아무것도 없다. 내 딸의 기쁨은 내가 옷을 입고 차에 타 파티장소로 갈 때 시작되었다. 천국에서도 똑같은 일이 벌어진다. 한 자녀가 의의 옷을 입기로 결단하고 본향을 향한 여정에 처음 오를 때 하늘은 음료를 따르고 장식리본을 매달고 색종이 조각을 흩뿌린다. "이와 같이 죄인 하나가 회개하면 하나님의 사자들 앞에 기쁨이 되느니라"(10절).

1세기 전 찰스 스펄전(Charles Spurgeon)은 이 구절에 대해 이렇게 썼다.

> 천국에는 그리스도의 장엄미사가 드려지는 크리스마스 날들이 있다. 이 날들에 그리스도께서 영광받으시는 것은 구유에서 태어나셨기 때문이 아니라 깨어진 한 심령 속에서 태어나셨기 때문이다. 이 날들은 목자가 잃은 양을 어깨에 메고 집으로 돌아오는 날이요 교회가 집을 쓸어 잃어버린 동전을 찾은 날이다. 회개한 한 죄인을 인해 친구들과 이웃들이 다 한데 모여 말할 수 없는 기쁨과 충만한 영광으로 기뻐하는 날이다.[1]

이 기쁨을 우리는 어떻게 설명할까? 웬 소동일까? 약간 호들갑스런 흥분임을 당신도 인정해야 한다. 우리는 지금 한 민족이나 한 도시의 영혼들을 말하고 있는 것이 아니다. "죄인 하나가" 회개할 때의 기쁨을 말하고 있는 것이다. 어떻게 한 사람이 그런 대단한 흥분을 불러일으킬 수 있단 말인가?

우리의 행동이 천국에 그런 영향을 미칠 줄 누가 감히 상상이나 할 수 있으랴. 한평생 살다 죽어도 고작 부고 한 줄 남기고 가는 것이 우리 아니던가. 이 땅에서 아무리 큰일을 해도 주목받거나 기록되지 못하는 것이 대부분이다. 그런데 하나님이 우리의 행동을 주목하고 계시단 말인가?

이 구절에 의하면 그렇다. 예수님의 말씀에 따르면 우리의 결단은 보이지 않는 세계에 온도조절계 같은 영향을 미친다. 우리가 땅에서 건반을 두드리면 천국 피아노 줄의 해머가 움직인다. 우리가 순종하면 종 줄이 움직여 천국 종루의 종이 울린다. 한 자녀가 부르면 하늘 아버지가 귀기울이신다. 한 자매가 울면 위에서 눈물이 흐르기 시작한다. 한 성도가 죽으면 천국문이 열린다. 가장 중요한 것이 있다. 한 죄인이 회개하면 다른 모든 활동이 정지되고 천국의 온 가족이 기뻐한다.

우리의 회심에 천국이 이렇게 반응한다니 얼마나 놀라운 일인가. 우리의 다른 경사로는 천국에 파티가 열리지 않는다. 졸업하고 개업하고 출산해도 우리가 아는 한 천국의 샴페인은 냉장고 안에서 나오지 않는다. 유독 회심에만 그런 큰 호응이 있는 것은 왜일까?

우리는 회심하는 영혼에 대해 그런 열정을 느끼지 못할 때가 많지 않은가? 당신은 한 영혼이 구원받았다는 소식을 들으면 만사 제쳐 두고 마음껏 기뻐하는가? 좋았던 날은 더 좋아지고 나빴던 날은 새 의미를 찾는가? 물론 기분이야 좋겠지만, 기뻐서 어쩔 줄 모르는가? 우리의 가슴은 기쁨으로 터질 듯한가? 절박한 심정으로 밴드를 부르고 케이크를 자르고 파티를 열어야만 할 것 같은가? 한 영혼이 구원받을 때 예수님의 마음은 기쁨의 폭죽으로 광채를 발하는 불꽃놀이 밤하늘이 된다.

우리도 그렇게 될 수 있을까? 예수님의 이 모습이야말로 우리의 마음이 주의를 기울여야 할 한 부분일 것이다.

하나님의 걸작품

예수님과 그 사자(使者)들은 회개하는 한 죄인을 두고 왜 그렇게 기뻐하는 것일까? 우리가 보지 못하는 뭔가를 보고 있는 것일까? 우리가 알지 못하는 뭔가를 알고 있는 것일까? 물론이다. 천국에 뭐가 있는지 그들은 알고 있다. 이미 식탁을 보았고 음악을 들었다. 당신이 도착하는 날 당신의 얼굴 볼 일이 그들은 그렇게 기다려질 수가 없다. 당신이 어서 보고 싶어 그들은 견딜 수가 없다.

당신이 도착하여 파티장소에 들어서면 뭔가 놀라운 일이 벌어질 것이다. 마지막 변화가 일어날 것이다. 당신은 예수님처럼 될 것이다. 요한일서 3:2을 깊이 들이마셔 보라. "장래에 어떻게 될 것은 아직 나타나지 아니하였으나 그가 나타내심이 되면 **우리가 그와 같을 줄을 아는 것은.**"

천국의 모든 축복 중에서도 가장 커다란 축복의 하나는 바로 당신이 될 것이다! 당신은 하나님의 걸작품, 그분의 예술작품이 될 것이다. 천사들이 흠모할 것이다. 하나님의 작품은 완성될 것이다. 마침내 당신은 그분의 마음을 품게 될 것이다.

당신은 완전한 사랑으로 사랑하게 될 것이다.

당신은 광채 나는 얼굴로 예배하게 될 것이다.

당신은 하나님의 말씀을 단어 하나까지 다 듣게 될 것이다.

당신의 마음은 순결할 것이요, 당신의 말은 보석 같을 것이요, 당신의 생각은 보화 같을 것이다.

당신은 예수님처럼 될 것이다. 마침내 당신은 그분의 마음을 품게 될 것이다. 예수님의 마음을 상상해 보라. 그것이 당신의 마음이 될 것이다. 죄 없는 마음. 두려움 없는 마음. 기쁨과 감격의 마음. 지칠 줄 모르는 예배의 마음. 흠 없는 분별의 마음. 마르지 않는 깨끗한 계곡의 물처럼 당신의 마음도 그렇게 될 것이다. **당신은 예수님처럼 될 것이다.**

그것만이 아니다. 다른 사람들도 다 예수님처럼 될 것이다. "천국은 완전케 된 사람들을 위한 완전한 장소다."[2] 천국은 하나님의 변화의 손길에 자신을 내어드린 사람들이 모여 사는 곳이다. 논쟁이 그칠 것이다. 질투가 없기 때문이다. 의심이 일지 않을 것이다. 비밀이 없기 때문이다. 모든 죄가 사라진다. 모든 불안이 잊혀진다. 모든 두려움이 자취를 감춘다. 순전한 알곡만 있고 가라지는 없다. 순금만 있고 합금은 없다. 순수한 사랑만 있고 욕심은 없다. 순전한 소망만 있고 두려움은 없다. 그러니 죄인 하나가 회개할 때 천사들이 기뻐할 만도 하다. 또 하나의 예술작품이 머잖아 하나님의 화랑을 빛내게 될 것을 알기 때문이다. 천국에 무엇이 있는지 그들은 알고 있다.

축하의 이유는 그 외에도 또 있다. 흥분의 일부는 우리의 도착에서 비롯되지만, 또 다른 일부는 우리의 구속(救贖)에서 비롯된다. 예수님은 우리가 천국을 향하여 가고 있다는 것도 기뻐하시지만 우리가 지옥에서 구원받았다는 사실에 대해서도 똑같이 기뻐하신다.

구원받기 전의 우리 모습

지옥의 참혹상을 한마디로 요약하면 이렇다. "거기에는 하나님이 계시지 않는다."

잠시 이 물음에 대해 생각해 보라. 여기 이 땅에 하나님이 계시지 않는다면 어떻게 될까? 당신 생각에 사람들은 지금도 이미 살벌할 수 있겠지만, 하나님의 임재 없는 우리를 생각해 보라. 당신 생각에 우리는 이미 서로에게 잔인할 수 있겠지만, 성령 없는 세상을 생각해 보라. 당신 생각에 지금도 외로움과 절망과 죄책감이 있겠지만, 예수님의 손길 없는 삶을 생각해 보라. 용서도 없다. 희망도 없다. 자비의 행위도 없다. 사랑의 말도 없다. 주의 이름으로 베푸는 음식도 없다. 주를 찬양하여 부르는 노래도 없다. 주의 영광을 위한 행위도 없다. 만일 하나님이 그분의 천사들, 그분의 은혜, 영원에 대한 약속, 그분의 종들을 취하여 가신다면 이 세상은 어떻게 될까?

한마디로 지옥이다. 당신을 위로해 줄 사람도 없고 당신을 달래 줄 음악도 없다. 시인들이 사랑을 노래하지 않고 가객들이 희망을 음유하지 않는 세상. 사랑도 희망도 막차를 타고 떠나 버렸기 때문이다. 마지막 배는 떠났다. 지옥 나라 노래는 후회와 타령뿐이다.

예수님의 말씀에 따르면 지옥에서 들리는 소리는 "슬피 울며 이를 갊"(마 22:13)밖에 없다. 지옥에는 비참한 탄식이 끊이지 않는다. 놓쳐 버린 기회를 뒤늦게야 깨닫는 것이다. 기회를 한번만 더 얻을 수 있다면 그 무엇도 마다하지 않으리라. 그러나 그 기회는 끝났다(히 9:27).

누구나 신이 될 수 있는 세상

하나님의 사자(使者)들이 회개하는 죄인 하나를 두고 기뻐하는 이유를 이제 알겠는가? 예수님은 구원받은 자들에게 예비된 것이 무엇인지 아신다. 정죄받는 자들에게 예비된 것이 무엇인지도 아신다. 우리 역시 기뻐해야 하는 이유를 이제 알겠는가? 어떻게 기뻐할 수 있을까? 어떻게 우리 마음이 변화되어 예수님처럼 기뻐할 수 있을까?

세상에 대해 당신도 하나님의 영원한 시각을 갖게 해달라고 기도하라. 그분이 인류를 보시는 시각은 너무도 단순하다. 그분의 관점에서 볼 때 모든 인간은 다음 두 부류 중 하나에 속한다.

- 좁은 문으로 들어가는 사람, 넓은 문으로 들어가는 사람(마 7:13-14).
- 좁은 길을 걷는 사람, 넓은 길을 걷는 사람(마 7:13-14).
- 반석 위에 집짓는 사람, 모래 위에 짓는 사람(마 7:24-27).
- 슬기 있는 사람, 미련한 사람(마 25:2).
- 준비된 사람, 준비되지 않은 사람(마 24:45-51).
- 열매 맺은 사람, 열매 없는 사람(마 25:14-27).
- 구원얻는 사람, 정죄받는 사람(막 16:15-16).

타이타닉호의 침몰로 2,200명이 넘는 사람들이 살을 에는 대서양 물 속에 수장되고 말았다. 육지에 게시된 승객명단은 단순히 두 줄로 구분돼 있었다. 구조자와 실종자.[3] 하나님의 명단도 똑같이 단순하다.

반면 우리의 명단은 불필요한 구분으로 줄이 많다. 상대가 부자인가? 예쁜가? 직업은 무엇인가? 피부색은 무엇인가? 대학은 나왔는가? 모두 하나님께는 무의미한 것들이다. 하나님이 우리를 점점 더 예수님처럼 빚어 가심에 따라 우리에게도 무의미한 것들이 된다. "이제부터는 우리가 그 어떤 사람도 세상적인 관점에서 보지 않겠습니다"(고후 5:16, 현대인의 성경).

예수님의 마음을 품는다는 것은 곧 구원받은 사람들의 얼굴을 보며 기뻐하는 것이다! 무덤 하나만 통과하면 예수님처럼 될 사람들이다. 예수님의 마음을 품는다는 것은 곧 잃어버린 영혼들의 얼굴을 보며 기도하는 것이다. 회개하지 않는 한 무덤 하나만 통과하면 영원한 고통에 들어설 이들이다.

C. S. 루이스는 이것을 이렇게 표현했다.

누구나 신이 될 수 있는 세상에 산다는 것은 심각한 일이다. 당신이 오늘 대화하는 가장 우둔하고 가장 재미없는 그 사람이, 어느 날 불현듯 강한 숭배욕을 느끼게 하는 대상이 되거나 반대로 악몽 속에서나 만날 수 있는 공포와 타락의 표상이 될 수도 있다는 것을 기억하면, 산다는 것은 심각한 일이다. 하루 종일 우리는 서로를 어느 정도 이 두 방향 중 하나로 몰아가고 있다.[4]

당신에게 던지는 나의 도전은 단순하다. 세상에 대해 당신도 하나님의 영원한 시각을 갖게 해달라고 기도하라. 당신이 만나는 모든 사람은 저녁 초대를 받은 이들이다. 한 사람이 초대를 수락하거든 기뻐하라! 한 사람이 어젯밤 나처럼 늑장을 부리거든 내 딸들이 했던 것처럼 하라. 다그치고 부추겨 준비하게 하라. 파티시간이 다 되었다. 당신은 그 사람이 파티를 놓치는 것을 원하지 않는다.

인내로써 우리 앞에 당한 경주를 경주하며.

히브리서 12:1

12. 끝까지 강하게

인내하는 마음

내 책장에는 군살 제거에 대한 책이 한 권 꽂혀 있다. 표지에는 날씬한 배 근육을 잔뜩 수축시킨 한 남자의 사진이 크게 실려 있다. 남자의 배에는 풍랑이는 연못보다 더 많은 주름이 잡혀 있다. 나도 감동을 받고 책을 한 권 사서 운동 내용을 읽고 윗몸일으키기를 했다. 일주일로 그쳤지만.

그 책에서 그리 떨어지지 않은 곳에 속독에 대한 테이프 시리즈가 꽂혀 있다. 테이프 구입은 데닐린의 생각이었지만 나도 광고를 읽고 똑같이 열의를 느꼈다. 군살 빼기 책이 내 배에 대해 약속한 그것을 이 시리즈는 내 머리에 대해 약속하고 있다. 최고의 역량을 발휘하게 한다는 것이다. 뒷표지 광고문안에 따르면 이 6주 과정만 마치면 독서 속도가 두 배로 빨라지면서 정보 보유량도 두 배로 높아지게 되어 있다. 그저 테이프만 들으면 된다. 나도 들을 참이다…언젠가는.

필수 미네랄 병도 있다. 1리터들이 순수 건강음료. 하루 한 모금만 마셔도 내 몸으로 필요한 칼슘, 염화물, 마그네슘, 나트륨, 기타 66가지 필수 광물

질을 섭취하게 되어 있다. (게다가 철분까지 들어 있어 이미 철혈 복부와 철혈 지성에 실패한 내게는 더 잘된 셈이다.) 나에게 이 미네랄을 판 열성분자는 건강을 지키는 데 30달러는 큰돈이 아니라며 나를 설득했다. 나도 동감이다. 다만 자꾸 잊어버리고 마시지 않는 것이 문제일 뿐.

오해는 말라. 내 삶의 모든 것이 미완성은 아니다. (이 책은 끝났다…거의 다.) 그러나 고백컨대 나는 시작한 일을 매번 끝내지는 못한다. 비단 나만 그런 것은 아닐 것이다. 당신의 집에도 미완성 과제가 있는가? 일차 기능이 수건걸이로 전락하고 만 운동기구는 없는가? 도예(陶藝) 독학과정 자료가 아직 뜯겨지지 않은 채 있지는 않은가? 반쯤 만들다 만 발코니 난간이나 반쯤 파다 만 웅덩이나 반쯤 심다 만 화단은 없는가? 다이어트와 체중 감량은 아예 얘기도 꺼내지 말자.

시작과 끝맺음은 전혀 별개의 문제라는 사실을 당신도 나 못지 않게 알고 있다. 당신은 혹 내가 지금부터 매사에 끝맺음의 중요성에 대해 얘기할 것이라 생각할지 모른다. 미리 잔소리부터 각오할지 모른다.

그렇다면 안심하라. 내가 말하려는 것은 "끝내지 못할 일이면 시작도 말라"가 아니다. 그렇다고 지옥에나 어울릴 후회나 타령을 늘어놓으려는 것도 아니다. 솔직히 나는 일단 시작한 일이면 뭐든 반드시 다 끝내야 한다고 믿지 않는다. (숙제 못한 학생들이 갑자기 힘이 난다.) 어떤 과제는 손대지 않는 것이 더 낫고 어떤 일은 제쳐 두는 것이 더 현명하다. (그 범주에 숙제를 포함시키고 싶지는 않지만.)

우리는 완료에 너무 집착한 나머지 효과를 무시할 수 있다. 어떤 프로젝트가 책상에 올라와 있다고 해서 반드시 다시 책꽂이로 되돌아갈 수 없다는 뜻은 아니다. 그렇다. 나는 당신에게 매사에 끝맺음을 보아야 한다고 설득할 생각은 없다. 내 목표는 **올바른** 일을 끝까지 완수하도록 당신을 격려하는 데 있다. 어떤 경주는 안해도 괜찮다. 배 군살 빼기나 속독법처럼. 그러나 반드시 해야 할 경주가 있다. 믿음의 경주처럼. 히브리서 기자의 경고를 생각해 보라. "인내로써 우리 앞에 당한 경주를 경주하며"(히 12:1).

경주

신약시대에 골프가 있었다면 성경기자들은 필시 타법과 발 벌리기에 대해 얘기했을 것이다. 그러나 그때는 골프가 없었기에 그들은 달리기에 대해 기록했다. **경주**(race)라는 말은 헬라어 *agon*에서 왔는데 바로 그 단어에서 고통(agony)이라는 단어가 나왔다. 그리스도인의 달리기는 가벼운 조깅이 아니라 녹초가 되도록 힘들며 때로 심한 고통이 따르는 경주다. 끝까지 강하려면 엄청난 노력이 필요하다.

끝까지 강한 사람을 당신도 별로 보지 못했을 것이다. 옆길에 늘어선 사람들은 많이 보았을 것이다. 그들도 한때 달리던 이들이었다. 그들도 페이스를 유지한 때가 있었다. 그러나 피곤이 찾아왔다. 이들은 경주가 그렇게 힘들 줄 몰랐다. 혹 길이 울퉁불퉁해 의욕이 떨어졌거나 다른 주자를 보고 기세가 꺾였는지도 모른다. 이유야 어찌 됐든 그들은 더 이상 달리지 않는다. 그리스도인들도 그럴 수 있다. 교회에는 나올 수 있다. 헌금함에 지폐 한 장 넣을 수 있고 좌석을 차지하고 앉아 있을 수 있으나 마음은 경주에 있지 않다. 이들은 일찌감치 은퇴했다. 뭔가 변화가 없는 한, 초반에 반짝 달린 것이 이들의 최상의 일이 될 것이다. 끝날 때는 힘에 겨워 끙끙거릴 것이다.

반면 예수님의 최상의 사역은 경주 막바지에 하신 일이요 그분의 최강의 발걸음은 바로 최후의 일보였다. 우리 주님이야말로 인내하는 자의 전형적 모본이시다. 히브리서 기자는 계속해서 예수님을 "죄인들의 이같이 자기에게 거역하신 일을 참으신 자"(12:3)로 기록하고 있다. 성경은 예수께서 "참으셨다"고 말한다. "터뜨리셨을" 수도 있다는 뜻이다. 경주자 예수님은 중단하고 주저앉아 있다 집으로 가버렸을 수도 있다. 경주를 포기했을 수도 있다. 그러나 그분은 그러지 않으셨다. 그분은 "죄인들의 이같이 자기에게 거역한 일을 참으신 자"가 되셨다.

대항

그리스도가 죄인들에게 거역당하셨다는 사실을 생각해 본 일이 있는가? 예수께서 포기하셨을 수도 있는 상황을 당신은 떠올릴 수 있겠는가? 그분이 시험당하시던 때는 어떤가? 한순간의 유혹이나 한 시간의 유혹을 견디는 것이라면 당신과 나도 알고 있다. 하루의 유혹이라도 좋다. 하지만 40일을? 그것이 예수님이 당하신 일이다. "예수께서…광야에서 사십일 동안 성령에게 이끌리시며 마귀에게 시험을 받으시더라"(눅 4:1-2).

우리는 광야의 시험을 40일 기간 가운데 사이를 두고 벌어진 세 개의 분리된 사건으로 생각한다. 그랬을 수도 있다. 그러나 실제로 예수님의 시험기간은 연속이었다. "사십일 동안…마귀에게 시험을 받으시더라." 사탄은 옷가지처럼 예수님께 달라붙어 떨어지지 않으려 했다. 발걸음을 뗄 때마다 귀에 대고 속삭였다. 길을 돌아설 때마다 회의를 심었다. 예수님은 마귀에게 영향을 입으셨는가? 분명 그러셨다. 누가는 사탄이 예수님을 **시험하려 했다**고 말하지 않는다. 이 구절은 마귀가 예수께 **시험을 시도했다**고 되어 있지 않다. 아니다. 본문은 분명하다. "예수께서…마귀에게 **시험을 받으시더라**." 예수님은 유혹을 받으셨다. **시험을 받으셨다**. 포기의 유혹이었을까? 집으로 돌아가고 싶은 유혹이었을까? 지상 왕국으로 족하려는 유혹이었을까? 내용은 모르지만 유혹을 받으신 것만은 분명하다. 안에서는 전투가 벌어졌다. 밖에서는 스트레스가 밀려왔다. 유혹받으셨기에 그분은 경주를 포기할 수도 있었다. 그러나 그러지 않으셨다. 그분은 계속 달리셨다.

시험도 비난도 그분을 멈추게 하지는 못했다. 경주 주자에게 구경꾼들이 욕을 한다면 어떻게 될까?

몇 해 전 나는 5킬로미터 경주에 참가한 일이 있다. 대단한 것은 아니고 어느 자선단체 기금마련을 위해 동네를 한 바퀴 도는 것이었다. 달리기에 무지했던 나는 초반에 사력을 다해 달렸다. 절반도 못가 숨이 헐떡거렸다. 그러나 바로 적시에 관객들이 나를 격려해 주었다. 친절한 구경꾼들이 나를 응원해 주었다. 어느 인정 많은 아주머니는 물잔을 날라 왔고 다른 사람은 달리는 이들에게 호스로 물을 뿌려 주었다. 나는 그 사람들을 한번도 본 적이 없다. 그러나 그것은 중요하지 않았다. 나에게는 격려의 일성(一聲)이 필요했고 그들은 내게 그것을 주었다. 이들의 응원에 힘입어 나는 완주할 수 있었다.

내가 경주의 가장 힘든 고비에서 격려가 아니라 비난의 말을 들었다면 어떻게 됐을까? 게다가 그 비난이 그냥 무시해도 좋을 낯선 이들에게서 나온 것이 아니라 내 이웃들과 가족들에게서 나온 것이라면?

달리고 있는 당신에게 누군가 이런 욕을 퍼붓는다면 어떨까?

"이봐, 거짓말쟁이! 좀 정직하게 살아보시지 그래?"(요 7:12 참조)

"저기 타관 출신이 오는군. 왜 자기 동네로나 돌아가시지 않고?"(요 8:48 참조)

"언제부터 귀신의 자식들을 경주에 붙여준 거야?"(요 8:48 참조)

그것이 예수께서 당하신 일이다. 가족들조차 그분을 미친 사람 취급했다. 동네 사람들의 대우는 한술 더 떴다. 예수께서 고향으로 돌아가시자 그들은 그분을 낭떠러지에서 밀쳐 내리치려 했다(눅 4:29). 그래도 예수님은 경주를 포기하지 않았다. 시험도 그분을 단념시키지 못했다. 비난도 그분을 무너뜨리지 못했다. 부끄러움도 그분을 낙심에 빠뜨리지 못했다.

예수께서 경주 중 당하신 최고의 시험을 신중하게 잘 생각해 보기 바란다. "저는…부끄러움을 개의치 아니하시더니." 히브리서 12:2에 나오는 심상치 않은 표현이다.

부끄러움이란 수치, 당황, 모욕의 감정이다. 기억을 들춰내 미안하지만, 당신도 인생을 살아오며 부끄러운 순간이 있지 않았던가? 그것을 만인이 알게 된다면, 상상만 해도 소름끼치는 일 아닌가? 그 사건이 비디오 테이프로 가족들과 친구들 앞에 공개된다면? 당신은 기분이 어떻겠는가?

정확히 그것이 예수님의 기분이었다. **왜?** 당신은 물을 것이다. 그분은 부끄러움 당할 만한 일을 하신 일이 없지 않은가. 물론 없다. 그러나 우리에게는 있다. 십자가 위에서 하나님이 그분을 죄로 삼으셨기에(고후 5:21) 예수님은 부끄러움 투성이가 되고 말았다. 그분은 가족들 앞에서 부끄러움을 당하셨다. 어머니와 사랑하는 이들 앞에서 벌거벗은 몸이 되셨다. 동료 인간들 앞에서 부끄러움을 당하셨다. 무거워 휘청거릴 때까지 강제로 십자가를 져야 했다. 자신의 교회 앞에서 부끄러움을 당하셨다. 당시의 목사들과 장로들이 그분을 조롱하며 욕했다. 예루살렘 도성 앞에서 부끄러움을 당하셨다. 죄인의 죽음으로 사형을 선고받았다. 부모들은 멀리서 그를 가리키며 아이들에게 말했으리라. "나쁜 사람들은 저렇게 되는 거야."

그러나 인간들 앞에서의 부끄러움은 아버지 앞에서 느끼신 부끄러움에 비하면 아무것도 아니었다. 자기 혼자의 부끄러움도 감당하기 어려운 것이 우리다. 온 인류의 부끄러움을 한꺼번에 지는 것을 상상이나 할 수 있는가? 부끄러움이 파도처럼 밀려와 예수님을 덮어씌웠다. 한번도 사기 친 일이 없음에도 그분은 사기꾼으로 정죄되었다. 훔친 일이 없음에도 하늘은 그분을 도둑으로 간주했다. 단 한번 거짓말을 안 했음에도 그분은 거짓말쟁이로 통했다. 욕정을 따른 일이 없음에도 간부(姦夫)의 수치를 덮어쓰셨다. 언제나 믿으셨음에도 이단자의 치욕을 견디셨다.

한 가지 절박한 물음이 생긴다. 어떻게? 도대체 어떻게 그분은 이런 수욕을 견디셨단 말인가? 무슨 힘으로 예수님은 온 세계의 부끄러움을 견딜 수 있었던 것일까? 우리는 답이 필요하다. 그렇지 않은가? 우리도 예수님처럼 시험을 받는다. 우리도 예수님처럼 비난을 당한다. 우리도 예수님처럼 부끄러움을 당한다. 그러나 우리는 예수님과 달리 포기하고 만다. 기진하여 주저앉는다. 어떻게 하면 우리도 예수님처럼 계속 달릴 수 있을까? 우리의 마음은 어떻게 예수님 같은 인내를 품을 수 있을까?

예수님이 초점을 두신 데, 즉 "그 앞에 있는 즐거움"(히 12:2)에 우리도 초점을 두면 된다.

보상

이 구절이야말로 천국의 영광에 대해 기록된 모든 말씀 중 가장 위대한 증거가 아닐까? 황금길이나 천사의 날개에 대해 아무 말도 없다. 음악이나 잔치에 대한 말도 없다. 심지어 이 구절에는 **천국**이라는 말조차 빠져 있다. 그러나 단어는 빠졌을지라도 능력은 그렇지 않다.

잊지 말라. 천국은 예수님께 낯선 곳이 아니다. 예수님은 천국생활을 먼저 하신 후 지상생활을 하신 유일한 분이다. 당신과 나는 신자로서 먼저 지상시간을 보낸 뒤 천국에 살게 될 것이지만 예수님은 정반대였다. 그분은 이 땅에 오시기 전부터 천국을 아셨다. 돌아가면 자신을 기다리고 있을 것이 무엇인지 아셨다. 하늘에서 무엇이 기다리고 있는지 아셨기에 이 땅의 부끄러움을 견디실 수 있었던 것이다.

"저는 그 앞에 있는 즐거움을 위하여 십자가를 참으사 부끄러움을 개의치 아니하시더니." 마지막 순간에 예수님은 하나님께서 그 앞에 놓아 두신 즐거움에 초점을 두셨다. 천국의 상(賞)에 초점을 두셨다. 상에 초점을 두심으로 경주를 완주할 수 있었을 뿐 아니라 끝까지 강하게 달릴 수 있었다.

나도 그 본을 따르려 최선을 다하고 있다. 내 고생의 의미야 그에 훨씬 못 미치는 것이지만 나 또한 강하게 끝내려 노력하고 있다. 당신은 지금 이 책의 끝에서 두번째 장을 읽고 있다. 나는 1년이 넘게 이 책과 함께 살아왔다. 생각을 다듬고 문단을 고치고 더 좋은 동사를 찾고 더 강한 결론을 구하며.

드디어 지금, 그 끝이 보이고 있다.

책을 쓴다는 것은 장거리 경주와 비슷하다. 처음에는 열정이 대단하다. 이내 기력이 떨어진다. 포기할 것을 심각하게 생각한다. 그때 순탄한 내리막길 장(章)이 나와 반짝 힘을 얻는다. 간혹 번득이는 묵상에 영감이 차오른다. 그러나 한 장 쓰기에도 지칠 때가 더 많다. 엄격한 편집진에서 요구하는 끝없는 교정은 말할 것도 없다. 작업의 대부분이 장거리 주자의 리듬을 닮았다. 꾸준한 속도로 멀고도 외로운 길을 감내해야 하는 것이다.

막바지에 이르러 마지막 한 줄이 눈에 보이고 편집진에서도 만족할 때쯤이면 아예 감각이 마비된다. 강하게 끝내기 원한다. 몇 달 전에 품었던 열정을 찾아 두레박을 드리우지만 공급이 딸린다. 말은 흐려지고 예화는 뒤섞이고 생각은 마비된다. 채찍질이 필요하다. 새 힘이 필요하다. 영감이 필요하다.

내가 그것을 어디서 찾는지 말해도 될까? (이상해 보일지 모르나 참고 들어주기 바란다.) 지난 수년간 1년에 최소한 한 권의 책을 쓰면서 나에게는 하나의 의식(儀式)이 생겼다. 책 한 권이 완결될 때마다 즐기는 축하의식이다. 나는 샴페인을 좋아하는 사람도 아니고 담배도 이미 끊었다. 그러나 그보다 더 달콤한 것을 찾았다. 두 가지가 있다.

우선 하나님 앞에서 잠시 조용한 순간을 보낸다. 원고를 발송하는 순간 아무 데나 한적한 장소를 찾아 걸음을 멈춘다. 많은 말을 하지 않는다. 최소한 현재까지는 하나님도 많은 말씀이 없으시다. 취지는 대화가 아니라 음미에 있다. 작업 완료의 짜릿한 만족을 누리는 데 있다. 손가락의 감각은 남아 있는가? 주자의 가슴으로 결승선의 테이프가 느껴진다. 다 이루었다. 여행 끝에 마시는 포도주는 얼마나 달콤한가. 그렇게 몇 분 동안 하나님과 나는 함께 그 맛을 음미한다. 에베레스트 정상에 깃발을 꽂고 경치를 즐기는 것이다.

그 다음에는 (정말 세상적인 얘기 같지만) 먹는다. 막판 작업 때는 대개 끼니도 연거푸 거르기 일쑤인지라 배가 고프다. 어느 해에는 산 안토니오 강에서 멕시코 음식을 먹었다. 어느 해에는 농구 중계를 곁들인 룸서비스 식사였다. 작년에는 노천 카페에서 메기 요리를 먹었다. 데날린과 함께 갈 때도 있고 나 혼자 갈 때도 있다. 음식은 바뀌고 사람 수는 다를지 몰라도 늘 변치 않는 규칙이 하나 있다. 식사가 끝날 때까지 나는 한 가지만 생각한다. **다 이루었다.** 앞으로의 작업을 계획하는 것은 허용되지 않는다. 내일 일을 생각하는 것도 용납되지 않는다. 인생의 사명을 다 이루기라도 한 듯 가상의 세계에 흠뻑 취하는 것이다.

그렇게 식사를 하고 있노라면 예수님이 어디서 힘을 얻으셨는지 새삼 이해가 된다. 그분은 눈을 들어 저 지평선 너머 식탁을 보셨다. 잔치에 시선을 두셨다. 그 광경이 힘이 되어 그분은 끝까지 뛰셨다. 끝까지 강하게.

그 순간이 우리를 기다리고 있다. 군살 제거도 속독도 없는 세상에서 우리는 그 식탁에 둘러앉을 것이다. 끝없는 시간 속에서 우리는 안식할 것이다. 성도들에 에워싸이고 예수님의 품에 안길 것이다. 우리의 일은 과연 다 이루어질 것이다. 최후의 추수가 끝나고 우리가 식탁에 둘러앉을 그날, 그리스도는 이 말씀으로 식사를 축복하실 것이다. "잘 하였도다, 착하고 충성된 종아"(마 25:23).

그 순간, 우리의 경주는 가치 있는 것이 되리라.

너희 마음 눈을 밝히사
그의 부르심의 소망이 무엇이며
성도 안에서 그 기업의 영광의 풍성이 무엇이며…
너희로 알게 하시기를 구하노라.

에베소서 1:18-19

맺음말
예수를 바라보자

보일 때가 있고 볼 때가 있다. 이것이 무슨 말인가?

옆집 보트에 "배 팝니다"라고 써붙인 종이를 보는 그 아침, 모든 것이 달라진다. 고급 목재 보트. 당신이 3년 동안 갖고 싶었던 보트. 갑자기 다른 것은 하나도 중요하지 않다. 그 인력에 끌려 당신의 차가 그 곁으로 다가간다. 당신의 꿈이 햇살에 빛나는 것을 보며 당신은 나직이 탄성을 발한다. 선체를 더듬던 손가락이 옷으로 흘러내린 군침을 닦느라 잠시 멎는다. 보고만 있어도 당신은 이미 타마프완테 호수에 가 있다. 당신과 은빛 바다, 그리고 당신의 목재 보트뿐이다.

어쩌면 당신에게는 다음 사연이 더 잘 맞을지 모르리라.

그 남학생이 영문학 과목 교실로 들어서는 것을 보는 그날, 모든 것이 달라진다. 매력이 풍기는 당당한 걸음. 귀티가 나는 깔끔한 인상. 너무 빨라 불안한 걸음도 아니고 너무 느려 오만한 걸음도 아니다. 전에도 그를 본 일이 있으나 오직 꿈속에서였다. 그런 그가 지금 실체가 되어 눈앞에 있다. 당신은 그에게서 눈을 뗄 수 없다. 수업이 끝날 즈음에는 곱슬머리 머리칼과 속눈썹 하나까지 이미 다 외워진다. 하루가 저물 무렵에는 그가 당신의 사람이 되리라는 것이 이미 마음에 굳어진다.

보일 때가 있고 볼 때가 있다. 스칠 때가 있고 외울 때가 있다. 지나갈 때가 있고 연구할 때가 있다. 우리는 새 보트나 새 남학생을 보는 것이 무엇인지 대부분 알고 있다…하지만 예수님을 보는 것이 무엇인지 아는가? "예수를 바라보는"(히 12:2) 것이 무엇인지 우리는 아는가?

지금까지 열두 장에 걸쳐 우리는 예수님처럼 된다는 것이 무엇을 뜻하는지 살펴보았다. 그렇게 순결한 마음, 그렇게 흠 없는 성품을 세상은 결코 본 일이 없다. 그분의 영적 청각은 아주 민감하여 하늘의 속삭임을 놓치신 일이 없다. 그분의 자비는 한없이 풍부하여 용서의 기회를 그냥 보내신 일이 없다. 그 입술에서는 거짓말이 나간 일이 없고, 그 어떤 방해거리도 그분의 시선을 흐리게 하지 못했다. 다른 사람들이 뒷걸음질칠 때 그분은 손을 내밀어 만지셨다. 다른 사람들이 포기할 때 그분은 견디셨다. 예수님은 모든 사람의 궁극적 모본이시다. 이 책을 읽으며 우리가 보인 반응, 그것이 바로 남은 인생 동안 하나님이 당신에게 원하시는 것이다. 그분은 당신에게 예수님을 바라보라 명하신다. 천국은 당신의 심안을 구주의 마음에 고정시켜 그분을 당신의 삶의 목표로 삼으라 한다. 그래서 나는 우리가 함께 해온 시간을 이 질문으로 마감하려 한다. 예수를 **본다**는 것은 무슨 의미일까?

목자들이 말해 줄 수 있다. 그들은 천사들을 보는 것으로 족하지 않았다. 사실 그것만으로 족할 수도 있었다. 밤하늘에 찬란한 빛이 비춰었다. 정적을 뚫고 합창이 울려 퍼졌다. 시골뜨기 목자들은 천사들의 합창소리에 잠에서 깨어나 벌떡 일어났다. "지극히 높은 곳에서는 하나님께 영광이요!" 생전 구경해 본 적 없는 장엄한 광경이었다.

그러나 그들은 천사들을 보는 것으로 족하지 않았다. 목자들은 그 천사들을 보내신 분을 보기 원했다. 그분을 보기 전에는 만족할 수 없었다. 그리하여 역사상 예수를 찾은 자들의 긴 행렬을 추적해 올라가면 거기 이렇게 말한 한 목자를 발견하게 된다. "가서…**보자**"(눅 2:15).

목자들 뒤쪽으로 행렬이 조금만 지나면 거기 시므온이라는 사람이 있다. 누가는 시므온이 그리스도 출생 시기에 성전에서 섬기던 의로운 사람이라 말하고 있다. 누가는 또한 이렇게 말한다. "저가 주의 그리스도를 보기 전에 죽지 아니하리라 하는 성령의 지시를 받았더니"(26절). 이 예언은 목자들이 예수님을 본 지 며칠 만에 과연 성취되었다. 시므온은 마리아의 팔에 안긴 홑이불 속의 아기가 바로 전능하신 하나님임을 알아볼 수 있었다. 시므온은 예수님을 보는 것으로 족했다. 이제는 죽어도 여한이 없었다. 어떤 사람들은 세상을 보기 전에는 죽지 않기 원한다. 시므온의 꿈은 그렇게 좁지 않았다. 세상을 지으신 분을 보기 전에는 죽지 않기 원했던 것이다. 그는 예수님을 보아야만 했다.

그는 기도했다. "주재여, 이제 말씀하신 대로 종을 평안히 놓아 주시는도다. 내 **눈**이 주의 구원을 보았사오니"(29-30절).

동방박사들도 똑같은 열망이 있었다. 시므온처럼 그들도 예수님을 보기 원했다. 목자들처럼 그들도 밤하늘에서 본 것만으로 만족하지 않았다. 별이 웅장하지 않았던 것이 아니요 역사적이지 않았던 것도 아니다. 불타는 행성의 목격자가 된다는 것은 특권이었다. 그러나 박사들은 그것만으로 족하지 않았다. 베들레헴 상공의 별을 보는 것으로 족하지 않았다. 베들레헴의 별이신 그분을 보아야 했다. 그들이 보러 온 것은 바로 그분이었다.

그들은 뜻을 이루었다. 모두 뜻을 이루었다. 이들의 부지런함보다 더 놀라운 것은 그 뜻을 저버리지 않는 예수님의 마음이었다. 예수님은 그들에게 기꺼이 자신을 보이기 원하셨다! 목장에서 왔든 왕궁에서 왔든, 성전에 살았든 양떼 중에 살았든, 예물이 황금이었든 꾸밈없는 놀람의 표정이었든… 그들은 다 환영받았다. 아기 예수를 보기 원했으나 문전박대를 당한 사람을 하나라도 찾아보라. 아무도 없다.

그분을 찾지 않은 사람들의 예는 얼마든지 있다. 헤롯 왕처럼 낮은 차원의 것에 만족한 이들. 종교 지도자들처럼 그분을 보기보다는 그분에 대해 읽는 것을 더 좋아했던 이들. 그분을 찾지 않는 사람들과 그분을 찾은 사람들의 비율은 수천 대 일이다. 그러나 그분을 찾은 사람들과 그분을 만난 사람들의 비율은 1:1이다. **찾은 사람은 누구나 만났다.** 하나님이 "자기를 찾는 자들에게 상주시는 이"(히 11:6)시라는 약속이 기록되기 이미 오래 전부터 입증된 셈이다.

예는 계속된다. 요한과 안드레를 생각해 보라. 이들도 보상을 받았다. 이들은 세례 요한의 말을 듣는 것으로 족하지 않았다. 대부분의 사람들은 세상에서 가장 유명한 전도자의 측근에서 그를 받드는 것으로 족했을 수도 있다.

더 훌륭한 스승이 있을 수 있을까? 딱 한 분 있었다. 그분을 보던 날 요한과 안드레는 세례 요한을 떠나 예수님을 좇았다. 이들의 질문을 주목해 보라.

이들은 물었다. "랍비여, 어디 계시오니이까"(요 1:38). 아주 당돌한 물음이다. 잠깐만 시간을 내달라 한 것도 아니고 의견이나 메시지나 기적을 청한 것도 아니다. 그들은 그분의 주소를 물었다. 그분과 같이 있기 원했다. 그분을 알기 원했다. 그분의 고개를 돌리게 하는 것과 그분의 마음을 불타게 하는 것과 그분의 영혼에 열망을 주는 것이 무엇인지 알기 원했다. 그분의 눈빛을 배우고 그분의 발걸음을 좇기 원했다. 그들은 예수님을 보기 원했다. 그분을 웃게 하는 것이 무엇이며 그분도 피곤해질 때가 있는지 알기 원했다. 무엇보다도 그들은 알고 싶었다. 예수님이 요한이 말한 바로 그분일까? 만일 그렇다면 하나님이 이 땅에서 무슨 일을 하고 계신 것일까? 친척과 얘기해서 답할 수 없는 질문이다. 예수님 자신과 얘기해야 한다.

제자들에 대한 예수님의 대답은? "와 보라"(39절). 그분은 "와서 흘끗 들여다보라"거나 "와서 살짝 엿보라"고 하시지 않았다. "와 보라"고 말씀하셨다. 이중 초점 안경과 쌍안경을 가지고 오라. 지금은 곁눈질이나 띄엄띄엄 엿보기를 할 때가 아니다. "믿음의 주요 또 온전케 하시는 이인 예수를 바라보자."

어부는 보트를 바라보았다. 소녀는 남학생을 바라보았다. 제자들은 구주를 바라보았다.

마태도 그랬다. 알다시피 마태는 직장에서 일하다 회심했다. 이력서에 따르면 그는 세무공무원이었다. 이웃들의 말에 따르면 그는 사기꾼이었다. 그는 길모퉁이에 납세 지소를 차려 놓고 손을 벌리고 있었다. 예수님을 보던 날도 그는 거기 있었다. "나를 좇으라." 주님의 말씀에 마태는 그대로 했다. 바로 다음 절에서 우리는 마태의 집 식탁에 앉으신 예수님을 보게 된다. "예수께서 마태의 집에서 앉아 음식을 잡수실 때에"(마 9:10).

마태는 길목에서의 회심으로 만족할 수 없어 예수님을 집으로 모셨다. 사무실 책상에서 일어나지 않는 일이 저녁식사 자리에서 일어난다. 넥타이를 벗고 고기를 굽고 음료수를 따르라. 하늘에 별들을 매단 분과 저녁을 함께하라. "저, 예수님. 이런 걸 여쭈어서 죄송합니다만 제가 항상 알고 싶었던 것이…."

이번에도 역시 초청이 아름다우나 그보다 더 아름다운 것은 초청의 수락이다. 마태가 사기꾼이었다는 것도 예수님께는 중요하지 않았다. 마태가 착취수입으로 호화주택을 지었다는 것도 예수님께는 중요하지 않았다. 중요한 것은 마태가 예수님을 알기 원했다는 것이다. 하나님은 "자기를 찾는 자들에게 상주시는 이"시기에 마태는 자기 집에 오신 그리스도의 임재로 그 상을 얻었다.

그래도 마태나 되니까 예수님이 시간을 내셨겠지. 어쨌거나 마태는 주전으로 뽑혀 특별 격려를 받아가며 신약의 첫 책을 쓴 자가 아닌가. 예수님은 마태나 안드레나 요한 같은 큰 사람들만 상대하시는 거야. 과연 그럴까?

한 실례 인물로 그런 생각을 반박해도 좋을까? 삭개오는 큰 사람과는 거리가 멀었다. 그는 작았다. 얼마나 작았던지 예수께서 여리고에 오시던 날 길거리에 늘어선 무리 너머로 그분 모습이 보이지 않을 정도였다. 물론 무리는 그가 팔꿈치로 길을 열어 앞쪽으로 나가게 해줄 수도 있었다. 한 가지 문제는 그 역시 마태처럼 세리였다는 점이다. 그러나 그 역시 마태처럼 예수님을 보고 싶은 갈급한 마음이 있었다.

그는 무리의 뒷전에 서 있는 것으로 족하지 않았다. 종이 망원경으로 실눈 뜨고 보는 것으로 족하지 않았다. 메시아의 행렬을 다른 사람의 입을 통해 듣는 것으로 족하지 않았다. 삭개오는 자기 눈으로 직접 예수님을 보고 싶었다.

그래서 극한 악조건도 마다 않고 밖으로 나갔다. 그리고는 스리피스 고급 정장에 이탈리아제 새 구두를 신은 채 오직 그리스도를 보리라는 희망으로 나무에 엉금엉금 기어올랐다.

당신이라면 기꺼이 그럴 수 있을까? 당신이라면 그 모든 악조건 속에서 예수님을 보러 나가겠는가? 누구나 그럴 수 있는 것은 아니리라. 삭개오가 나뭇가지 사이를 기어가는 장면이 나오는 바로 그 성경에서 우리는 또한 부자청년을 만난다. 삭개오의 경우와 달리 무리는 그에게 길을 열어 주었다. 그는 젊은 관원에…에헴…부자가 아니던가. 예수님이 그 지역에 와 있다는 말을 듣고 그는 리무진을 불러 타고 마을을 가로질러 목수를 찾아왔다. 그가 예수님께 던진 질문을 자세히 보라. "선생님이여, 내가 무슨 선한 일을 하여야 영생을 얻으리이까"(마 19:16).

이 관원을 보니 단도직입적인 사나이다. 형식적인 인사나 가벼운 대화를 주고받을 시간이 없다. "바로 본론으로 들어갑시다. 당신도 바쁘고 나도 바쁜 사람이오. 구원받는 길만 말해 주시오. 그리고 끝냅시다."

그의 질문은 잘못된 것이 없으나 그의 마음은 문제가 있었다. 그가 원하는 것과 다른 이들이 원하는 것을 비교해 보라.

• 삭개오. "저 나무에 올라갈 수 있을까?"

- 요한과 안드레. "어디 계시오니이까?"

- 마태. "저녁 때 와주실 수 있습니까?"

- 시므온. "그분을 뵐 때까지 살아있을 수 있을까?"

- 박사들. "나귀 안장을 지우세. 그분을 뵐 때까지는 멈출 수 없네."

- 목자들. "가서 보자."

차이를 알겠는가? 부자청년은 약을 원했다. 다른 이들은 의사를 원했다. 관원은 퀴즈의 답을 원했다. 그들은 스승을 원했다. 그는 급했다. 그들은 시간을 아끼지 않았다. 그는 차에 탄 채 주문하는 커피 한잔으로 족했다. 그들은 연회석상의 풀코스 식사가 아니면 만족할 수 없다. 그들은 구원 이상의 것을 원했다. 구주를 원했다. 그들은 예수님을 보기 원했다.

그들은 간절히 찾았다. 어떤 번역에는 히브리서 11:6이 이렇게 되어 있다. "하나님은…자기를 **간절히** 찾는 자들에게 상 주신다"(NIV).

이런 번역도 있다. "하나님은 자기를 **구하는** 이들에게 상 주신다"(필립스역).

이런 번역도 있다. "하나님은…자기를 **열심히** 찾는 이들에게 상 주신다"(TLB).

나는 흠정역(KJV)이 마음에 든다. "그는 자기를 **부지런히** 찾는 이들에게 상 주시는 분이다."

부지런히—얼마나 놀라운 말인가. 당신도 부지런히 찾으라. 갈급한 심령으로 구하라. 불굴의 각오로 순례 길을 걸으라. 이 책이 당신이 예수님에 대해 읽는 많은 책 중 하나에 지나지 않게 하라. 이 시간이 당신이 그분을 찾는 수많은 시간 중 하나에 지나지 않게 하라. 소유와 지위에 대한 하찮은 추구를 박차고 나와 당신의 왕을 구하라.

천사들로 만족하지 말라. 하늘의 별들로 족하지 말라. 목자들이 그러했듯 그분을 구하라. 시므온이 그러했듯 그분을 바라라. 박사들이 그러했듯 그분을 경배하라. 요한과 안드레가 그러했듯 그분의 주소를 물으라. 마태가 그러했듯 그분을 집으로 모시라. 삭개오를 본받아 어떤 모험을 감행하고라도 예수를 보라.

하나님은 **자기를 찾는 자들**에게 상 주신다. 교리나 종교나 제제나 신조를 찾는 자들이 아니다. 이런 낮은 차원의 열망에 안주하는 이들이 많으나 상(賞)은 예수님 자신이 아니면 족하지 않는 자들의 몫이다. 그 상은 무엇인가? 예수님을 찾는 자들을 기다리고 있는 것은 무엇인가? 예수님의 마음, 바로 그것이다. "저와 같은 형상으로 화하여 영광으로 영광에 이르니 곧 주의 영으로 말미암음이니라"(고후 3:18).

예수님처럼 되는 것보다 더 큰 선물을 생각할 수 있는가? 예수님은 죄책감이 없으셨다. 하나님은 당신의 죄책감도 떨쳐 주시기 원하신다. 예수님은 나쁜 습관이 없으셨다. 하나님은 당신의 나쁜 습관도 없애시기 원하신다. 예수님은 죽음을 두려워하지 않으셨다. 하나님은 당신도 두려움이 없기를 바라신다. 예수님은 병든 자에게 긍휼을 보이시고 거역하는 자에게 자비를 베푸시며 도전에 용감히 맞서셨다. 하나님은 당신도 그와 같기 원하신다.

하나님은 당신을 있는 그대로 사랑하신다.
그러나 그대로 두시지는 않는다. 하나님은 당신이
예수님처럼 되기 원하신다.

소그룹 나눔을 위한 가이드

1. 예수님의 마음

예수님의 마음을 찾는다

1. 예수님이 정말 당신이 된다면 당신의 삶은 어떻게 달라질까?

   － "새로운 당신"을 보고 놀랄 사람들은 누구일까? 그 이유는?

   － "화해할 사람들"이 있을까? 있다면 누구일까?

2. 하나님은 당신이 하나님의 마음을 품기 원하신다("하나님을 따라…지으심을 받은 새
   사람을 입으라"〔엡 4:23-24〕). 자신을 점검해 보라.

   － 현재 당신의 마음은 어떤 상태인가?

   － 영적인 "스트레스 테스트"를 한다면 어떤 결과가 나올까? 하루하루 당신의 삶 속
   에서 벌어지는 일들에 따라 결과가 달라질까? 자세히 설명해 보라.

   － 예수님의 마음을 키워 가기 위해 당신은 구체적으로 어떤 행동을 취해야 하겠는가?

3. 하나님은 당신이 예수님처럼 되기 원하시지만 당신을 지금 있는 그대로 사랑하신다.
   하나님이 사랑하시는 지금의 "당신"은 어떤 모습인가?

   － 당신의 은사, 재능, 능력, 관심사, 염려, 버릇, 단점, 필요, 소원은 무엇인가?

   － 당신이 예수님의 마음을 품는다면 이런 것들이 어떻게 달라질까? 당신의 어떤 부
   분이 "새로 빚어질" 부분일까?

4. 예수님의 생각, 행동, 전 자아를 보면 아버지와의 친밀한 관계를 잘 알 수 있다. 그 결
   과 그분의 마음은 아주 신령했다.

   － "신령한 마음"이란 무엇일까?

   － 당신의 마음과 그리스도의 마음의 차이점을 말해 보라.

5. 저자의 말처럼 우리는 하나님의 능력과 "연결되어" 있으나 그것을 충분히 사용하는
   사람은 많지 않다.

—당신의 "전기 사용량"은 어떤가? 직장에서, 가정에서, 동네에서, 당신은 그분의 빛을 얼마나 사용하고 있는가?

—그리스도의 마음을 묵상하면서 당신이 배울 수 있는 것은 무엇인가?

예수님의 생각을 만난다

1. 빌립보서 2:5-13을 읽으라

—우리는 그리스도와 똑같은 태도를 지녀야 하며 그리스도처럼 생각하고 행동해야 한다. 당신에게 이것은 얼마나 어려운 일인가? 어떤 부분이 어려운가? 자세히 설명해 보라.

—이 본문의 지시에 따르기 위해 당신은 얼마나 더 노력하겠는가? 구체적으로 어떤 노력인가?

—당신의 마음 중 특별히 관심을 가져야 할 부분은 무엇인가?

2. 에베소서 4:20-32에는 "빛의 자녀"답게 살려는 그리스도인들이 절대로 피해야 할 것들이 몇 가지 구체적으로 나와 있다.

—당신의 "옛 사람" 중 가장 벗기 힘든 부분은 무엇인가?

—그 부분에 대해 지금 결단할 수 있는 것은 무엇인가?

3. 예수님은 죄가 없으셨다. 말과 행동이 언제나 순결하셨다. 요한일서 3:1-10을 읽으라.

—이런 모본이 있다는 사실에 당신은 어떤 기분이 드는가? 기가 죽는 쪽인가, 위안을 얻는 쪽인가? 자세히 설명해 보라.

—예수님은 죄 없는 자신을 당신에게 내어주셨고 당신을 자신의 모습으로 빚어 주시려 지금도 기다리고 계신다. 그런 생각을 할 때 당신은 더 예수님을 닮아야겠다는 생각이 드는가? 자세히 설명해 보라.

예수님의 손발이 된다

1. 골로새서 3:10을 종이에 써서 매일 볼 수 있는 곳에 붙여 놓고 암송하라. 그리고 당신을 예수님처럼 변화시켜 주실 만큼 사랑해 주시는 하나님께 감사를 드리라.

2. 당신이 지금 특별히 힘든 상황—실제로 당신이 곧잘 고생하는 상황—에 처해 있다고

상상해 보라. "예수님의 마음"으로라면 그 상황에 어떻게 대응할지 생각해 보라. 그런 다음, 실제 상황에서도 상상 속에서와 같이 그렇게 대응할 수 있게 해달라고 하나님께 기도하라. 다음번 그런 상황이 찾아올 때는 당신이 보인 반응을 노트에 적어 보라. 하나님이 당신의 솔직한 기도에 어떻게 응답하시는지 지켜보라!

2. 꼼짝없이 매인 사람들 사랑하기

용서하는 마음

예수님의 마음을 찾는다

1. "헌신에 뒤따르는 밀실 공포증"에 대해 생각해 보라.

  ─당신은 헌신에 뒤따르는 밀실 공포증을 경험한 일이 있는가?

  ─그런 일이 어떤 관계에서 일어나는가? 배우자, 자녀, 직원, 기타 누구? 자세히 설명해 보라.

  ─헌신에 내포된 영속성 때문에 공포나 좌절을 느껴 본 일이 있는가? 있다면, 거기에 어떻게 반응했는가?

  ─현재 누군가에게 "꼼짝없이 매여 있다"고 느껴진다면(심각한 매임병 현상으로), 당신은 도망가고 싶은가, 싸우고 싶은가, 용서하고 싶은가? 자세히 설명해 보라.

  ─그 사람도 당신에 대해 똑같이 느끼고 있다는 것을 당신이 안다면, 그때 기분이 어떻겠는가? 정말 그렇게 느끼고 있는 사람이 있다고 보는가? 있다면, 자세히 설명해 보라.

2. 예수님은 좀처럼 호감이 가지 않는 사람들까지 사랑하실 수 있었다.

  ─당신의 경우 좀처럼 호감이 가지 않는 사람들은 누구인가? 왜 호감이 가지 않는가?

  ─당신에게 좀처럼 호감을 느끼지 못할 것 같은 사람들은 누구인가? 왜 그럴 것 같은가?

3. 요한복음 13장에서 제자들의 발을 씻겨 주실 때 예수님은 자신이 최하급 종의 일을 할 것이라고 아무도 "기대하지" 않는다는 것을 알고 계셨다. 가장 절실히 필요할 때 그들이 자신을 버리리라는 것도 그분은 다 알고 계셨다. 그런데도 그분은 넘치는 사랑의 마음으로 그들을 섬기셨다.

  ─발씻기는 관습이 지금도 남아 있다면 당신은 위 1번, 2번 문제에 답으로 등장한 사

람들 중 하나를 똑같은 방식으로 기꺼이 섬길 용의가 있는가? 자세히 설명해 보라.

—당신이 자격이 없을 때 "당신의 발을 씻겨 주었던" 사람을 생각해 보라. 어떤 상황에서 그런 일이 있었는가?

4. "문제의 사람"에게서 예수님께로 시선을 돌릴 때 그 사람을 용서하는 당신의 능력에 어떤 변화가 일어나는가?

—오늘 하루 동안 그리스도께서 용서하셔야 했던 당신의 죄를 떠올려 보라. 그중에 "반복적인" 죄가 있는가? 자세히 설명해 보라.

—예수께서 당신에게 해주셔야 했던 모든 뒷청소의 의무를 생각할 때, 당신은 다른 사람들에게 똑같이 할 마음이 일어나 있는가? 계속 반복해서 똑같은 문제를 일으키는 사람들에게 당신은 어떻게 반응하고 있는가?

5. 유월절 만찬의 방에 다른 사람으로부터 발씻김을 받을 자격이 있는 분은 예수님뿐이었으나 그분은 오히려 제자들의 발을 씻겨 주셨다. 섬김을 받아야 할 분이 스스로 종이 되신 것이다.

—당신의 경우 뜻밖의 발씻김으로 관계를 개선할 수 있는 경우를 찾아보라.

—어떻게 다른 사람의 "발을 씻길" 수 있을까? 상대에게는 그것이 어떻게 받아들여질까? 자세히 설명해 보라.

—그 사람들 중에 당신과 함께 식탁에 앉는 사람도 있는가? 있다면, 그 사람의 발을 씻는 일은 더 쉬운가 어려운가? 그 이유는?

예수님의 생각을 만난다

1. 골로새서 3:12-17을 묵상하라.

—이 본문의 적절한 곳마다 사람들의 이름을 넣어 읽어 보라. ("___ 에게 혐의가 있거든 ___ 을/를 용납하여 ___ 을/를 용서하…")

—이번에는 다른 사람들도 당신을 용납하게 해달라고 하나님께 기도하며 당신의 이름을 넣어 읽어 보라.

2. 요한복음 13:1-17의 장면에 당신이 함께 있다고 생각해 보라.

—당신은 거기 앉아 기다리고 있다. 계속 기다리고 있다. 이 게으른 종은 도대체 어

디 갔단 말인가? 그때 하필 모든 사람 중에 당신의 주님이 일어나 그 일을 하신다. 그분이 일하시는 모습을 보며 당신은 기분이 어떤가? 당신은 무슨 생각을 하고 있는가?

—당신이 잠시 후 유다가 할 일을 알고 있다면, 당신 역시 예수님처럼 유다의 발도 씻겨 주겠는가? 자세히 설명해 보라.

3. 에베소서 4:32은 이렇게 말한다. "서로 인자하게 하며 불쌍히 여기며 서로 용서하기를 하나님이 그리스도 안에서 너희를 용서하심과 같이 하라." 그 다음 절을 읽으라 (엡 5:1).

—당신의 뒷청소를 하려고 내려오신 하나님은 얼마나 손에 때를 묻히셨는가? "하나님을 본받는 자"가 되기 위해 당신은 얼마나 손에 때를 묻힐 각오가 되어 있는가?

—에베보서 5:2은 이렇게 이어진다. "그리스도께서 너희를 사랑하신 것같이 너희도 사랑 가운데서 행하라. 그는 우리를 위하여 자신을 버리사 향기로운 제물과 생축으로 하나님께 드리셨느니라." 하나님의 도우심으로 당신의 삶을 향기로운 제물로 드리려면 당신에게 어떤 변화가 필요한가? 자세히 말해 보라.

—당신의 삶에 유다 같은 사람이 있는가? 예수께서 유다에게 해주신 일을 당신도 그 사람을 위해 할 수 있는가?

예수님의 손발이 된다

1. 날마다 베푸시는 긍휼과 용서를 인해 하나님께 감사하라. 그분의 다함없는 은혜에 감사를 표현하라. 그분이 당신의 죄를 더 이상 기억하지 않으시며 당신의 죄가 "동이 서에서 먼 것같이" 멀리 옮겨졌다는 진리의 말씀을 묵상하라.

2. 이 장 끝부분의 사연에 나오는 피해자 아내는 남편에게 자비를 베풀었다. 남편을 용서했으며 상처를 의지적으로 떨치고 일어났다. 계속 같이 걷자고 말했다. 당신에게 상처를 입힌 사람을 하나 떠올려 보라. 당신도 이와 똑같은 과정을 시작하기로 오늘 결단하라. 그 사람의 발을 하나님의 사랑으로 씻어 주며 상처를 의지적으로 잊을 수 있게 해달라고 하나님께 기도하라. 이 사람과 그 상황을 놓고 시간을 내어 기도하라. 상처를 용서하고 예수님처럼 사람을 사랑하게 해달라고 하나님의 도우심을 구하라.

3. 하나님의 손길

궁휼히 여기는 마음

예수님의 마음을 찾는다

1. "하나님 자신의 손"이 당신을 섬겨 주었던 시간들을 떠올려 보라. 그때 기분이 어땠는가?

2. 당신은 "하늘의 손"을 가졌다고 생각하는가? 자세히 설명해 보라. 그 손으로 다른 사람들을 섬길 기회를 꾸준히 찾고 있는가?

3. 당신은 누군가를 당신의 삶에서 "격리시킨" 일이 있는가?
   - 있다면, 어떤 상황에서 그랬는가? 그 사람을 소외시킨 이유는 무엇인가?
   - 어떻게 하면 다시 그 사람을 끌어들일 수 있을까?

4. 문둥병자의 병을 낫게 한 것은 예수님의 말씀이지만, 저자는 그리스도의 사랑의 손길만이 병자의 외로움을 몰아냈다고 지적하고 있다.
   - 당신의 삶 속에서, 말없는 한번의 손길이 모든 것을 말해 주던 시간을 떠올려 보라.
   - "신앙의 손길"이란 말은 쉬워도 실행은 어려운 일인가? 자세히 설명해 보라.
   - 당신의 경우 그런 손길을 받아들이기가 쉬운 편인가, 어려운 편인가? 그 이유는 무엇인가?

5. 신체적 접촉 없이 정서적으로 누군가를 "만져 줄" 수 있는 방법들을 찾아 적어 보라 (예를 들면 카드 보내기, 방문 등).

예수님의 생각을 만난다

1. 마태복음 8:1-4의 고침받은 문둥병자 기사를 다시 한번 읽으라. 마가복음 1:40-45과 누가복음 5:12-16도 읽으라. 세 기자 모두 예수님의 치유의 말씀과 아울러 그분의 만지심을 기록하고 있다.

―그의 몸에 손을 대는 것을 예수님이 왜 중요하게 여기셨다고 생각하는가?

―손을 대지 않았다면 사건의 의미가 반감되었으리라 보는가? 자세히 설명해 보라.

2. 마가복음 기사에 보면 고침받은 문둥병자가, 아무에게도 말하지 말라는 경고에도 아랑곳없이 "나가서 이 일을 많이 전파하기" 시작한다.

―예수님이 그에게 침묵을 명하신 이유는 무엇인가?

―그의 발설로 어떤 결과가 발생했는가?

―그런 기적적인 일이 당신에게 일어났다면 당신은 침묵을 지킬 수 있었겠는가? 자세히 설명해 보라.

3. 골로새서 3:12은 우리가 "긍휼과 자비를…옷입어야" 한다고 말하고 있다. 옷을 입는다는 것은 신중한 행위이다. 옷입기란 의도적으로 하는 일이지 "저절로" 되는 일이 아니다. 그러나 매일 반복하는 사이 하나의 자연스런 행동이 된다.

―긍휼히 여기는 마음을 지닌 사람을 떠올려 보라. 그 사람의 행동과 언어와 태도에 그 마음이 어떻게 표현되고 있는가?

―주님의 도우심으로, 당신은 긍휼을 좀더 많이 나타내기 위해 어떻게 노력할 수 있겠는가?

예수님의 손발이 된다

1. 가장 요긴할 때 당신에게 긍휼과 자비를 베풀어 준 사람들을 인해 잠시 주님께 감사하는 시간을 가지라. 주님 앞에 그들의 이름을 아뢰라. 그리고 각 사람에게 편지나 전화로, 그 섬김이 당신에게 얼마나 큰 의미가 있었는지 말해 주라.

2. 하나님께 그 특별한 "신앙의 손길"이 필요한 사람을 보여달라고 기도하라. 그 사람이 누구인지 당신이 이미 알고 있을 수도 있다. 마음속에 반감이 들거든("그 사람은 안돼! 나는 아니야―난 못해!"), 당신의 손이 주님의 손이 되게 해달라고 기도하고 두 손을 주님께 내어드리라. 그리고 인도하심에 따르라.

4. 하나님의 음악 듣기
듣는 마음

예수님의 마음을 찾는다

1. 성경은 귀가 있는 것만으로 안되고 사용해서 들어야 한다고 가르치고 있다. 문제는 우리가 듣지 않을 때가 많다는 것이다.

   —주인의 낯익은 음성에 따르는 양(羊)처럼 우리도 "들어야" 한다. 당신은 하나님의 음성을 꾸준히 듣고자 어떻게 노력하고 있는가?

   —당신의 경우 어떻게 하면 "타인의 음성"이 즉각 식별될 정도로 주님과 친밀해질 수 있는가? 잘못된 교훈을 들을 때 어떻게 식별할 수 있는가?

2. 예수님은 기도하는 습관을 기르셨다. 저자는 예수님이 하나님과 대화하고자 "기도시간을 확보"하셨다고 말한다.

   —당신의 기도생활은 어떤가? 기도의 특권을 전혀 무시한 채 하루하루 지내고 있지는 않은가? 그렇게 지나간 날들에 대해 어떤 기분이 드는가?

   —당신의 인간관계—배우자, 가족, 친구, 직장—의 대화 수준이 하나님과의 대화 수준과 똑같다면 그런 관계들은 어떻게 되겠는가?

3. 예수님은 성경을 깊이 통달하고 계셨다.

   —예수님은 성경내용과 적용방법을 아셨다. 당신은 성경구절을 몇 개나 암송하고 있는가?

   —당신은 얼마나 쉽게 성경구절을 찾을 수 있는가?

   —당신은 실질적 적용이 가능할 정도로 성경의 대부분을 충분히 이해하고 있는가? 자세히 설명해 보라.

   —다른 사람들, 특히 아직 그리스도를 모르는 이들에게 성경내용을 설명해 주는 부분에서 당신의 상태는 어떠한가?

4. 우리가 예수님처럼 되기 원한다면 하나님께 우리를 소유할 기회를 드려야 한다.

　—당신은 진정 하나님께 "소유되기" 원하는가? 자세히 설명해 보라.

　—당신의 모든 삶, 전 존재를 어떻게 하나님께 내어드릴 수 있는가? 구체적으로 생각해 보라.

　—그날의 교훈을 받을 때까지 매일 성경묵상과 기도로 하나님의 음성을 듣는 것은 꼭 필요한 일이다. 당신에게 가장 좋은 시간은 언제인가? 당신은 그 시간의 유익을 누리고 있는가?

5. 성경에 따르면 우리는 그리스도께서 해주신 일로 인해 존귀한 존재가 되었다. 그런 존귀한 신분은 우리의 행위로 얻은 것이 아니다. 바로 그 때문에 예수님은 우리가 그분께 온전히 마음을 열기 원하신다.

　—받을 자격 없는 이런 사랑에 당신은 어떻게 반응하고 있는가? 그 이유는 무엇인가?

　—당신이 하나님께 마음을 열어 드릴 때 당신과 하나님의 관계에 어떤 일이 생기는가?

예수님의 생각을 만난다

1. 마가복음 4:1-20의 씨 뿌리는 자의 비유를 읽으라.

　—자신을 점검해 보라. 당신과 가장 가까운 땅은 어떤 땅인가? 그 이유는 무엇인가?

　—당신이 좋은 땅이 되어 백 배의 결실을 맺으려면 어떤 변화가 필요한가?

2. 요한복음 10:1-18은 목자와 양의 관계를 통해 주님과 그 백성의 관계를 보여주고 있다. 본문에 따르면 양들은 "타인의 음성을 알지 못하는 고로 타인을 따르지 않고 도리어 도망" 한다. 양들은 주인밖에 몰라 그 외에는 아무도 원하지 않고, 주인은 양들을 너무 사랑해 죽음도 마다하지 않는다.

　—양들이 목자 옆에 머물러 얻는 유익은 무엇인가?

　—목자를 멀리 떠나면 어떤 위험이 도사리고 있는가?

　—양들도 자신의 "자격" 여부를 놓고 고민할까? 자세히 설명해 보라.

　—양과 사람 사이에 어떤 유사성을 찾을 수 있는가?

3. 예수님처럼 되려면 우리도 하나님께 말씀드리고 하나님의 말씀을 듣는 시간을 꾸준히 가져야 한다.

－로마서 12장에는 주님과 및 다른 사람들로 더불어 화목한 삶을 살기 원하는 자들
이 "해야 할 일들"이 쭉 나와 있다. 그런 삶을 살아야 하는 이유는 무엇인가? 어떻
게 그런 삶을 살 수 있을까?

－당신의 기도시간을 어떻게 하면 예배가 되게 할 수 있을까?

－"기도에 항상 힘쓴다"는 것은 무슨 뜻일까?

－성경 읽는 시간 없이 기도에 항상 힘쓰는 것은 가능한 일일까? 자세히 설명해 보라.

예수님의 손발이 된다

1. 커뮤니케이션 시대를 사는 우리는 정보 홍수에 빠져 허우적거리기 쉽다. 신문, 잡지,
TV, 인터넷 할 것 없이 저마다 우리의 관심을 공략하고 있다. 이번 주에는 이런 대중
매체를 접하는 시간과 같은 양 혹은 그 이상의 시간을 성경 읽는 데 투자해 보라. 그
리고 그로 인해 나타나는 삶의 변화를 기록해 보라.

2. 아직 하고 있지 않다면, 주님과 만나는 시간을 매번 노트에 적어 보라. 앞으로 한 달
동안 묵상본문과 묵상의 반응으로 기도한 시간을 기록해 보라. 그리고 주님과 및 다
른 사람들과의 관계에 나타나는 긍정적 변화를 추적해 보라.

5. 보이지 않는 손에 이끌려

하나님께 취한 마음

예수님의 마음을 찾는다

1. 우리는 항상 하나님의 임재 안에 있다.
   - 이 사실은 당신에게 위로가 되는가 부담이 되는가? 그 이유는 무엇인가?
   - 하나님의 지속적인 임재는 당신의 일상생활에 어떤 의미를 주는가?

2. 하나님은 아들이신 예수님과 나누신 똑같은 친밀함을 우리와도 나누기 원하신다.
   - 나만의 "공간"을 지키며 약간 멀찍이 떨어져 있는 것과 친밀함 중 당신은 어느 쪽이 더 좋은가? 자세히 설명해 보라.
   - 당신은 어떤 식으로 자신의 일부를 다른 사람들에게 숨기려 하는가? 하나님께는 어떤 부분을 숨기고 싶은가?

3. 하나님은 한순간도 우리에게서 멀리 계시지 않는다.
   - 주일 아침에는 하나님과 특별히 가까워진 것 같다가 화요일 오후쯤에는 멀어진 것처럼 느껴진 적이 있는가? 있다면 그 경험을 다시 떠올려 보라. 왜 그런 일이 일어난다고 생각하는가?
   - 하나님은 우리에게 전적으로 헌신돼 있으며 그 점에서 우리의 모본이 되신다. 배우자, 자녀, 교회 등을 향한 당신의 헌신은 어떤 수준인가? 당신 주변 사람들은 당신이 언제나 그들 편이며 영원히 떠나지 않는다는 사실을 분명히 알고 있는가? 당신은 그들에게 어떻게 헌신을 표현해 왔는가?

4. 그리스도인과 예수님의 혼인관계에는 대화가 결코 중단되지 않는다.
   - 하나님께 말문을 열 때 당신이 맨 먼저 언급하는 것은 무엇인가? 필요를 아뢰기 전 매번 찬양과 영광을 드리고 있는가? 그렇지 않다면 그 이유는 무엇인가?
   - 친구 사이의 대화 내용이 시종 부탁과 요구뿐이라면 그 우정이 얼마나 오래 가리

라 생각하는가? 당신이라면 뭔가 다른 것, 좀더 깊은 것을 원하겠는가? 자세히 설명해 보라.

—좋은 일이 생길 때마다 당신이 처음 알리는 대상은 하나님인가? 문제가 생길 때는 맨 나중에 하나님께 가는가? 자세히 설명해 보라.

5. 당신 삶의 매 순간이 하나님과 대화할 수 있는 시간임을 생각해 보라.

—시종일관 당신의 말을 듣기 원하는 사람이 하나님 외에 또 있는가?

—하나님이 당신을 영원히 떠나지 않으신다는 사실을 아는 것은 당신의 자존감에 어떤 영향을 미치는가? 그분께 드리는 예배에 어떤 변화를 가져다 주는가?

예수님의 생각을 만난다

1. 고린도후서 6:1에는 신자들이 "하나님과 함께 일하는 자"로 되어 있다. 요즘 말로 하면 하나님의 "직장동료"라고도 할 수 있다.

—당신이 진실하신 유일한 하나님과 옆자리에서 나란히 일하고 있다고 진정 믿는다면 당신의 매일의 직업윤리는 어떻게 달라지겠는가? 더 열심히 일하겠는가? 옆자리에 하나님이 계시다면 매사에 최선을 다하겠는가?

—전능하신 분이 당신과 함께 통과하고 계심을 안다면 인생살이는 좀더 쉬워져야 하지 않을까? 어떻게 그렇게 될 수 있을까?

2. 요한복음 5:16-30을 읽으라.

—예수님은 아들이 "아무것도 스스로 할 수 없나니"라고 말씀하셨다. 아버지께서 하신 일을 아들도 하신 것이다. 당신에 대해서도 똑같이 말할 수 있는가? 그 이유는 무엇인가? 당신을 하나님보다 앞서가게 하는 것은 무엇인가? 당신의 삶에서 하나님의 도움 없이 스스로 하려는 부분은 어디인가?

—예수님은 또한 자신을 기쁘게 하려 하지 않고 아버지를 기쁘시게 하려 했다. 당신은 누구를 가장 기쁘게 하려 하고 있는가? 배우자? 부모? 이웃사람들?

3. 하나님이 요한복음 15:1-8에 보여주신 포도나무와 가지의 그림에는 그분이 그 백성들과 나누기 원하시는 관계가 잘 나타나 있다. 그분은 우리와 온전히 연결돼 있기 원하신다.

— 프랭크 로바크는 30분만 하나님을 생각하지 않아도 그분의 임재를 잃은 기분이었다. 하나님과의 친밀한 관계에 대한 당신의 열망은 그와 비교하여 어떠한가?

— 당신이 하나님께 그렇게 붙어 있을 때 당신의 삶이 실제로 어떻게 달라질지 생각나는 대로 찾아보라.

— 예수님은 열매를 맺는 가지는 더 열매를 맺게 하려 가지를 쳐준다고 말씀하신다. 당신의 삶에서 그분의 가지치기 가위의 영향을 느낀 시기를 떠올려 보라. 그렇게 거듭 가지치기를 당해야 한다 할지라도 당신은 더 굵고 실한 열매를 원하는가? 자세히 설명해 보라.

예수님의 손발이 된다

1. 주님께 두 가지 특별한 말씀을 달라고 기도하라. 하나는 아침에 깨어날 때 묵상할 말씀이고 또 하나는 저녁에 잠자리에 들 때 묵상할 말씀이다. 최소한 일주일 동안 꾸준히 두 말씀을 묵상해 보라. 하루 전체를 온전히 하나님 중심으로 살게 해주는 도구로 활용해 보라.

2. 하나님은 당신의 생각, 소원, 행동을 이미 알고 계신다. 다만 당신으로부터 직접 듣기 원하신다는 사실을 잊지 말라. 그러므로 언제 어디서나 그분께 말씀드리는 것을 시작해 보라. 아침에는 그분이 차 옆자리에 앉아 계신 것처럼, 은행에 갈 때는 함께 줄을 서신 것처럼, 직장에서는 옆 책상에 앉아 계신 것처럼 대화 상대로 삼으라. 그분은 미사여구나 경건해 보이는 말에 관심이 없다. 당신을 원하실 뿐이다.

6. 변화된 얼굴

예배에 주린 마음

예수님의 마음을 찾는다

1. 유명인사를 만났거나 아주 중요한 행사에 참석했던 일을 떠올려 보라. 옷을 새로 샀는가? 며칠 전부터 미리 그 생각을 했는가? 예수님을 만나는 일에 비하면 그 유명인사나 행사는 얼마나 중요한 것인가?

2. 당신이 정의하는 예배란 무엇인가? 거기 포함되는 것은 무엇인가?
   - 당신은 왜 예배를 드리는가?
   - 지금 당신에게 예배의 중요성은 처음 주님을 만났던 그때보다 더 커졌는가, 작아졌는가?

3. 예수님은 예배에 마음을 준비하셨으나 우리는 하나님을 만나는 일에 진지함이 없을 때가 많다.
   - 대체로 주일 아침 교회 가기 전 당신의 상황을 생각해 보라. 성질을 부리는가? 허둥대는가? 그날 하루를 떠올려 보라.
   - 상황을 개선하기 위해 당신이 할 수 있는 일은 무엇인가? 전날 밤부터 시작할 수도 있다. 그런 변화를 방해하는 요소는 무엇인가?

4. 하나님은 예배를 통해 우리의 얼굴을 변화시키신다.
   - 당신은 찬송가사, 기도의 말, 설교말씀 등에 어떻게 더 의식적으로 생각을 모을 수 있는가?
   - 예배를 마치고 한 주간의 삶을 향해 떠나는 당신의 얼굴은 어떻게 달라져 있는가?
   - 화요일 당신을 대하는 사람이 당신이 주일을 주님과 함께 보낸 것을 알 수 있겠는가? 어떻게 알 수 있는가?

5. 하나님은 우리의 예배를 보는 사람들을 변화시키신다.

- 당신의 예배에서 그리스도를 모르는 사람들을 끌어들일 수 있는 부분은 어떤 것이 있는가?
- 당신 곁에 앉아 있을 수도 있는 구원받지 못한 사람들을 위해서 당신은 예배 도중 몇 번이나 기도하는 시간을 갖는가?

예수님의 생각을 만난다

1. 마태복음 17:1-9을 읽으라.
   - 당신은 제자들이 산상으로 가는 예배 여정의 목표를 이해했다고 생각하는가?
   - 제자들이 그 경험을 통해 어떤 영향을 입었다고 생각하는가? (베드로전서 1:16-18 을 읽으라.)
   - 주님께서 왜 그들에게 아무에게도 본 것을 말하지 못하게 하셨다고 생각하는가?
2. 고린도후서 3:12-18은 모세가 수건으로 하나님의 영광을 가린 사건을 얼굴의 수건 을 벗은 신자들의 특권과 대조하여 보여주고 있다.
   - 우리는 예배 때 어떤 식으로 얼굴이나 마음에 수건을 쓰고 나아가는가? 우리가 그 렇게 하는 이유는 무엇인가?
   - 당신은 이번 주에 어떻게 하나님의 영광을 최대한 비춰어 드러낼 수 있는가? 집에 서? 직장에서? 친구들에게?
3. 시편 34편을 조용히 속으로 읽으라. 이번에는 큰소리로 읽으라.
   - 이 본문의 하나님은 당신에게 얼마나 커 보이는가? 당신은 어떤 단어로 하나님과 그분의 영광을 묘사하겠는가?
   - 본문을 다시 읽으면서 하나님을 찬양해야 할 이유를 세어 보라.
   - 거울을 보라. 당신의 얼굴에 하나님을 닮은 부분이 보이는가? 자세히 설명해 보라.

예수님의 손발이 된다

1. 당신 가정에서 주일 아침 교회 가기 전 시간이 문제가 된다면 가족들과 함께 앉아 대 화하는 시간을 가지라. 가족 중 다른 사람도 그런 고민을 했었는지 알아보라. 물리 적·실제적 준비를 전날 밤부터 하기로 결단하라(신발을 찾아 놓고 옷을 정해 놓는 등).

교회에서 주님을 만나기 전 집에서 그분을 만나는 시간을 가지라. 그리고 잊지 말라. 그분은 가는 길 차 안에서도 만날 수 있다!

2. 당신이 "안내 담당자"이든 아니든, 사람들에게 먼저 인사하는 것을 다음 주일 당신의 사명으로 삼아 보라. 방문객들이 먼저 소개하기를 기다리지 말고 당신의 얼굴에 하나님의 미소를 담고서 의도적으로 그들을 찾아가라.

7. 골프와 셀러리

초점이 분명한 마음

예수님의 마음을 찾는다

1. 예수님의 놀라운 성품 중 하나는 목표를 벗어나지 않는 것이다.
   - 당신의 삶은 얼마나 목표를 벗어나지 않고 있는가? 자세히 설명해 보라.
   - 당신은 자신의 인생이 어느 방향으로 가기 원하는가? 당신의 여러 가지 목표를 구체적으로 말해 보라.
2. 우리의 삶은 산만해지는 경향이 있다.
   - 당신의 삶은 어떤 부분에서 그런 경향을 보이고 있는가?
   - 당신의 우선순위는 무엇인가?
   - 당신은 작은 일에 마음이 빼앗겨 큰일을 잘 잊어버리는 편인가? 자세히 설명해 보라.
3. 하나님은 우리가 마음에 초점을 잃지 않고 과녁을 벗어나지 않으며 그분의 계획에 부합되게 살기 원하신다.
   - 당신을 향한 하나님의 계획은 무엇인가?
   - 당신의 계획을 하나님의 계획과 비교하면 어떻게 다른가? 자세히 설명해 보라.
4. 하나님의 계획에 복종하는 사람은 자신의 소원을 믿어도 좋다.
   - 당신의 소원이 그대로 이루어져도 좋은 것이라 생각하는가? 자세히 설명해 보라.
   - 하나님이 원하시는 것이 당신의 소원과 다를 수도 있는데 어떻게 그분의 뜻에 당신을 드릴 수 있는가?
5. 로마서 12:3에서 바울은 우리에게 자신의 능력을 제대로 평가해야 한다고 말한다.
   - 자신의 약점이야 잘 알고 있겠지만 당신의 장점은 무엇인가?
   - 당신은 하나님을 섬기고 높이는 데 그 장점을 어떻게 사용하고 있는가? 그런 장점을 인해 하나님께 감사한 적이 있는가?

예수님의 생각을 만난다

1. 마가복음 10:42-45을 읽으라.

    ─예수님이 42절에서 말씀하시는 집권자는 어떤 사람인가?

    ─"크고자 하는 자"의 행동은 다른 사람들의 행동과 어떻게 달라야 하는가?

    ─예수께서 섬기는 대신 섬김을 받는 길을 택하셨다면 무엇이 어떻게 달라졌으리라 생각하는가?

2. 마가복음 10:45과 누가복음 19:10을 비교해 보라.

    ─두 구절은 같은 말인가, 다른 말인가? 그 이유는 무엇인가?

    ─이중 한 구절이나 두 구절 모두를 그리스도의 "사명선언서"로 보아도 좋겠는가? 자세히 설명해 보라.

3. 로마서 8:28은 자주 인용되지만 잘못 사용될 때도 있다.

    ─소위 "나쁜" 일이 터질 때 이 구절은 우리에게 어떤 역할을 하는가?

    ─당신은 하나님이 "나쁜 일"을 "계획"하신다고 생각하는가, 아니면 단지 허용하신다고 생각하는가? 둘은 같은 말인가?

    ─8장 끝절까지 계속 읽어 보라. 이 말씀은 당신 삶의 "나쁜" 일들과 어떤 관련이 있는가?

4. 하나님은 자신의 계획을 이루시는 데 우리를 사용하기 원하신다. (고린도후서 5:17-21을 읽으라.)

    ─그리스도의 대리자 혹은 대사로서 당신이 하고 있는 일은 무엇인가?

    ─그 일을 준비하도록 당신에게 주어진 도구는 무엇인가? 당신은 그런 도구를 어떻게 사용하고 있는가?

5. 시편 37편을 읽고 잠시 묵상하는 시간을 가지라.

    ─당신은 "행악자"를 인하여 속태우느라 얼마나 많은 시간을 보내고 있는가? 그들에게 "악인의 결국"이 임하지 않을까 봐 걱정한 일이 있는가? 자세히 설명해 보라.

    ─하나님은 그들이 어떻게 될 것이라 말씀하시는가?

    ─그들이 보응받지 못할까 봐 걱정할 것이 아니라 당신이 정작 해야 할 일은 무엇인가?

    ─당신의 마음과 하나님의 마음이 하나가 될 때 당신의 소원에 어떤 결과가 오는가?

예수님의 손발이 된다

1. 시편 139:14과 에베소서 2:10에는 당신을 지으신 하나님의 놀라운 솜씨가 선포되어 있다. 당신은 그것을 믿는가? 잠깐 시간을 내서 그 말씀의 증거가 될 만한 점들을 당신에게서 찾아 구체적으로 써보라. 그런 자질들을 주님께 드리고 오늘부터 그분을 위해 사용하기로 결단하라.

2. "넌 이 다음에 커서 뭐가 될래?" 어렸을 때 그런 질문을 받아 본 일이 있는가? 그때 했던 대답과 지금의 대답을 비교해 보라. 주님 안에서 자라면 당신은 그분을 위해 무엇이 되고 싶으며 무엇을 하고 싶은가? 잠시 기도하는 시간을 가진 후 하나님을 섬기고 높이는 기본원칙이 될 당신의 인생 사명선언서를 작성해 보라.

8. 오직 진실만을
정직한 마음

예수님의 마음을 찾는다

1. 그리스도인은 증인이다.

    ─법정의 증인과 그리스도의 증인은 무엇이 다른가?

    ─법정에서 위증하면 벌을 받는다는 것을 우리는 잘 안다. 그리스도인에게도 그런 벌이 있는가? 자세히 설명해 보라.

2. 예수님은 거짓말하거나 속이거나 진실을 왜곡하지 않으셨다.

    ─이 부분에서 당신은 하나님의 기준에 비추어 어떤 수준인가?

    ─당신은 "보통" 거짓말과 "하얀" 거짓말이 다르다고 생각하는가? 자세히 설명해 보라.

    ─자신이 부정직했음을 일단 깨달으면 그때 당신은 어떻게 하는가? 거짓말의 크기에 따라 달라지는가? 자세히 설명해 보라.

3. 하나님은 간음이나 가중 폭행 못지 않게 거짓말에도 노를 발하신다.

    ─당신은 이런 관점에 동의하는가? 자세히 설명해 보라.

    ─당신은 하나님의 윤리규범을 어떻게 실천할 수 있는가? 실패할 때 어떻게 하는가?

4. 하나님은 언제나 진실을 말씀하신다. 성경은 그분이 거짓말을 하실 수 없다고 말한다.

    ─당신은 어떤 상황에서 가장 거짓말을 해야 할 것 같은 유혹을 느끼는가?

    ─당신 주변 사람들은 당신을 정직한 사람으로 보고 있는가? 당신의 자기 평가는 그들의 평가와 다른가?

    ─타인의 감정을 배려하기 위해 살짝 거짓말을 하거나 진실을 피해 가는 것을 당신은 어떻게 보는가?

5. 진실하기 어려울 때가 있다.

—진실보다 거짓이 더 편하게 느껴지는 상황의 예를 몇 가지 들어 보라.

—말없이 거짓말하는 것은 어떻게 가능한가?

—거짓에는 결과가 따른다는 것을 우리는 안다. 거짓말했다 발각된 적이 있는가? 어떻게 됐는가? 기분은 어땠는가? 그 결과를 통해 당신이 배운 것은 무엇인가?

예수님의 생각을 만난다

1. 에베소서 4:17-32을 읽으라. 바울은 독자들에게 이전의 생활방식을 벗어 버리고 "심령으로 새롭게 되어"야 할 것을 권하고 있다.

—그리스도인들은 한 몸의 지체이므로, 믿는 사람을 속이는 것이 안 믿는 사람을 속이는 것보다 더 나쁜 일인가? 자세히 설명해 보라.

—우리는 어떻게 자신을 속일 수 있는가?

—거짓말을 분노, 도적질, 더러운 말과 같은 범주에 두는 것을 당신은 찬성하는가? 당신은 이 죄보다는 저 죄가 더 악하다는 식으로 죄에 "등급"을 두는가? 자세히 설명해 보라.

2. 시편 101편을 읽고 잠시 묵상하는 시간을 가지라.

—"그 이웃을 그윽이 허는" 자들을 볼 때 당신은 어떻게 하는가?

—당신이 어울리는 사람들은 어떤 부류인가? 당신은 거짓말쟁이를 용납하는가?

3. 디도서 1:2과 디모데후서 2:13은 우리가 언제나 하나님을 믿을 수 있음을 일깨워 주고 있다.

—이 진리는 우리의 일상생활에 어떤 영향을 주어야 할까? 당신의 삶은 그런 영향을 입고 있는가? 자세히 설명해 보라.

—하나님의 약속 중 당신에게 가장 소중한 것은 무엇인가? 그 이유는 무엇인가?

—당신의 약속은 믿을 수 있는 것인가? 자세히 설명해 보라.

4. 사도행전 5장에 나오는 아나니아와 삽비라의 기사를 생각해 보라.

—당신은 이 부부가 왜 땅값을 속였다고 생각하는가? 이들은 왜 베드로에게 사실대로 받은 돈의 일부만 바친다고 말하지 않았을까?

—아나니아와 삽비라는 자신들의 거짓말이 들통나리라고 생각했을까? 당신은 어떻

게 생각하며 그 이유는 무엇인가?

—이 거짓말은 어떤 면에서 베드로를 노하게 했는가?

—하나님이 내리신 엄중한 벌을 당신은 어떻게 생각하는가? 그들이 그렇게 심판받지 않았다면 주변 사람들을 향한 그들의 그리스도에 대한 증거는 어떤 영향을 입었을까? 그들이 죽은 후 교회의 증거는 어떻게 되었는가?

예수님의 손발이 된다

1. 성구사전에서 "거짓"과 "거짓말"을 찾아보라. 또한 "진실"과 "정직"도 찾아보라. 이런 말들이 성경에 나타나는 횟수는 이 문제에 대한 하나님의 관심과 어떤 관련이 있다고 보는가?

2. 위에 나온 여러 성경본문 중 하나를 골라 자신의 것으로 주장하라. 성경책 앞쪽 백지에 그 말씀을 적어 놓고 매일 반복해서 읽으라. 정직의 부분에서 좀더 예수님을 닮게 해달라고 기도하라.

9. 마음의 온실

순결한 마음

예수님의 마음을 찾는다

1. 당신의 마음을 "온실"로써 어떻게 관리할 수 있는가? 이 비유를 어떻게 개인적으로 적용할 수 있는가?

   —당신이 자라도록 두고 있는 씨앗은 어떤 것들인가?

   —어떤 잡초가 보이는가? 잡초의 기승을 어떻게 막을 수 있는가? 잡초는 때로 어떻게 화초를 밀어내는가?

   —당신은 대체로 낙관적인 편인가, 부정적인 편인가? 자세히 설명해 보라. 당신의 그런 태도는 주변 사람들에게 어떤 영향을 주는가?

2. 우리 마음의 문간에는 보초가 있어야 한다.

   —당신의 생각은 그냥 내버려 둘 때 대체로 어느 쪽으로 흐르는가?

   —"잘못된 생각"을 어떻게 즉각 감지할 수 있을까? 어떻게 하면 그 일이 좀더 쉬워질까?

3. 우리는 우리의 생각을 예수님의 권위에 복종시켜야 한다.

   —당신의 생각이 사전에 문서로 기록돼 예수님께 제출된다면 그중 "빨간 줄"이 그어질 것이 얼마나 많을까? 미리 예상한 결과일까, 깜짝 놀랄 결과일까?

   —당신의 생각이 주변 사람들에게 방송된다면 당신은 당황할까? 그들은 실망할까? 슬플까? 상처를 받을까? 깜짝 놀랄까?

4. 성경은 우리의 수상쩍은 생각의 "검문소"이다.

   —당신은 성경에서 열등감 콤플렉스를 뒷받침하는 구절을 찾을 수 있는가? 자만심과 교만은 어떤가? 불순한 성욕은 어떤가?

   —어떤 사람들은 성경을 "안된다"는 말밖에 모르는 자유를 말살하는 책이라고 생각

한다. 하나님의 말씀 대신 우리 마음의 자유를 따를 때 우리는 어떻게 될까?

예수님의 생각을 만난다

1. 베드로전서 5:8-9은 마귀를 "우는 사자"에 비유하고 있다.
   - 생각 면에서 당신은 어떤 상황에서 가장 자주 "삼키울" 것 같은 기분이 드는가?
   - 당신은 마귀에게 어떻게 단호한 저항을 보일 수 있는가? 근신함(자기 통제)과 깨어 있음의 수준을 어떻게 높일 수 있는가?

2. 갈라디아서 6:7-10을 읽으라.
   - 우리가 죄와 싸우느라 피곤할 수 있음을 하나님은 알고 계신다. 생각을 통제해야 할(올바른 씨를 심어야 할) 필요성을 충분히 깨달았으나 영적으로 피곤하여 주저앉을 것 같은 유혹이 들 때 당신은 어떻게 하는가?
   - 하나님 중심으로 생각하며 살 때 거둘 수 있는 유익은 무엇인가?

3. 잠언 4:20-23은 하나님의 말씀을 귀담아들어야 한다고 가르치고 있다.
   - 우리는 하나님의 말씀을 눈에서 떠나지 말게 할 뿐 아니라 마음속에 지켜야 한다. 이 둘은 서로 어떻게 다른가?
   - 본문은 마음을 "생명의 근원"에 비하고 있다. 사전에서 '근원'이란 말을 찾아보라. 이 단어가 왜 이 구절에 쓰였다고 생각하는가?
   - "무엇을 먹느냐가 당신을 결정한다"는 말을 들어 보았을 것이다. 무엇을 생각하느냐가 당신을 결정한다는 말을 당신은 믿는가? 몇 가지 예를 들어 보라.

4. 고린도후서 10:3-5에서 바울은 우리가 세상에 살고 있지만 세상에 속한 자처럼 행해서는 안된다고 말한다. 인생은 싸움이며 우리에게는 전투의 승리를 위해 "하나님의 강력"이 주어져 있다.
   - 5절에 의하면 우리는 생각을 "사로잡아" 그리스도에게 복종케 해야 한다. 어떻게 그럴 수 있을까? 일단 사로잡은 생각을 어떻게 해야 할까?
   - 당신은 순결치 못하고 경건치 못한 잘못된 생각을 어떻게 거부할 수 있는가? 어떻게 재접근을 막을 수 있는가? 이것은 어떤 면에서 전투일 수 있는가?

예수님의 손발이 된다

1. 잠시 생각 속에 비옥한 땅을 떠올려 보자. 파종단계와 제초단계 중 더 일손이 많이 가는 것은 어느 쪽일까? 잡초를 뽑아 주지 않으면 수확에 어떤 영향이 오는가? 잡초를 파는 시장을 본 일이 있는가? 일부러 잡초 씨앗을 뿌릴 사람이 있을까? 이런 질문들을 당신의 생각을 평가하는 질문으로 바꿔 보라. 오늘 장미씨를 뿌리기로 결단하라. 그리고 하나님의 도우심으로 엉겅퀴를 뽑아 내라.

2. 실제로 흙에 한 가지 씨앗을 심어 보라. 토양을 잘 준비하라. 물을 주라. 수분과 일조량을 적절하게 해주라. 그리고 눈에 보이는 곳에 놓아 두라. 양분을 공급하면서 성장을 지켜보라. 이 식물을 당신이 마음의 밭에 내면적으로 하고 있는 작업의 외적 표현으로 삼으라.

10. 쓰레기더미에서 주운 금

희망에 찬 마음

예수님의 마음을 찾는다

1. 당신은 당신의 삶에 찾아오는 "쓰레기"를 어떻게 보는가?

   - 당신의 고민이나 슬픔은 다른 사람들의 평균치보다 많다고 생각하는가, 적다고 생각하는가? 자세히 설명해 보라.

   - 어딘가 숨어 있다 터질지 몰라 당신이 걱정하는 다음번 "불상사"는 무엇인가?

   - 당신은 우리가 왜 문제 속에서 좋은 면을 찾기보다는 고통과 상처에 집착한다고 생각하는가?

2. 인생을 어떻게 보느냐가 인생을 어떻게 사느냐를 결정짓는다.

   - "삶이 그대에게 레몬을 주거든 그것으로 레모네이드를 만들라"는 말이 있다. 당신의 삶의 상황으로부터 레모네이드를 만들어야 했던 일이 있는가?

   - 이 부분에 능한 사람을 떠올려 보라. 그 사람 옆에 있을 때 기분이 어떤가? 그 사람한테 배울 수 있는 것은 무엇인가?

3. 우리는 예수님이 보신 시각으로 문제를 보아야 할 필요가 있다.

   - 당신이 겪은 바 응답되지 않은 기도, 이루어지지 않은 꿈, 믿을 수 없는 배반 등에 대한 당신의 감정을 분석해 보라. 최근에 일어난 일인가, 아니면 오랫동안 상처를 안고 살아왔는가? 자세히 설명해 보라.

   - 그런 일들을 어떻게 예수님이 보시는 시각으로 볼 수 있겠는가?

4. 예수님은 악 속에서 선을 찾으셨고 고통 속에서 뜻을 찾으셨다.

   - 당신은 이것이 모든 상황에서 현실적으로 가능한 일이라고 생각하는가? 자세히 설명해 보라. 이것을 인생에 대한 "극단적 낙관론"이라 보는 사람에게 당신은 뭐라고 말해 주겠는가?

─당신의 경우 악 속에서 선을, 고통 속에서 뜻을 발견했던 일을 떠올려 보라. 문제를 겪고 있던 그 당시에 그런 태도를 가졌는가, 아니면 나중에 그런 통찰이 찾아왔는가? 자세히 설명해 보라.

5. 예수님은 당신이 인생을 보는 시각을 바꿔 주실 수 있다.

─우리는 어떻게 종종 하나님의 능력을 과소 평가하고 있는가?

─하나님의 능력이 지금도 엘리사 시대와 동일하다는 사실을 일관성 있게 믿는다면 당신의 삶은 어떻게 달라지겠는가?

예수님의 생각을 만난다

1. 로마서 12:9-16에 의하면 고통은 모든 사람의 삶의 한 부분이다. 누구도 예외가 없다.

─우리는 악에 어떻게 반응해야 하는가? 환난을 당할 때 어떻게 행동해야 하는가? 그것은 어떻게 가능한 일인가?

─하나님은 왜 우리로 이런 고통을 통과하게 하시는가? 당신은 이런 고통의 유익이 무엇이라고 생각하는가?

─당신의 고통 속에서 언젠가는 하나님의 뜻을 발견하게 되리라 기대하는가? 영영 발견하지 못한다면 어떻게 하겠는가?

2. 당신의 영적 시력을 마태복음 6:22-23의 내용과 비교해 보라.

─당신이 아는 사람 중에 빛보다 어두움 속에 살기를 좋아하는 사람을 떠올려 보라. 당신은 그 사람 주변에 있으면 기분이 좋은가? 자세히 설명해 보라.

─여기에 대해 하나님의 생각은 무엇인가?

3. 마태복음 26:46-52에 나오는 예수님이 배반당하시는 장면을 읽으라.

─예수님은 유다에게 배반당하신 후에도 그를 "친구"라 부르신다. 당신은 "친구"에게 배반당했다고 느낀 적이 있는가? 만일 있다면, 그 사람은 아직도 당신의 친구인가? 자세히 설명해 보라.

─예수님의 제자 중 한 사람이 소위 의분으로 대제사장의 종의 귀를 쳐 떨어뜨렸다. 누가는 예수님이 치유의 손길로 반응하셨다고 기록하고 있다. 우리는 상처받을 때 어떻게 그분처럼 반응할 수 있을까? 우리의 그런 반응을 방해하는 것은 무엇인가?

4. 마태복음 26:53에서 예수님은 자신을 잡으러 온 무리에게, 마음만 먹으면 그들의 수중에서 즉시라도 벗어날 수 있음을 일깨워 주신다.

   —하나님이 마음만 먹으면 당신을 건져 주실 수 있다는 사실을 안다면, 어려운 상황에 대처하기가 어떤 면에서 좀더 쉬워질까? 그 사실을 알기 때문에 오히려 문제가 더 어려워질 수도 있을까? 자세히 설명해 보라.

   —하나님이 상황을 바꿔 주시지 않으실 때 당신은 어떻게 반응하는가? 그때에도 하나님이 문제 속에 임재하신다는 사실을 믿는가? 자세히 설명해 보라.

예수님의 손발이 된다

1. 시력이 아주 좋지 않은 사람한테서 안경을 빌려 써보라. 나무와 꽃과 옆 사람 얼굴을 쳐다보라. 이번에는 당신의 정상 시력으로 (안경을 쓰든 안 쓰든) 그런 물체들을 다시 보라. 무엇이 다른가? 처음에는 물체가 왜곡돼 보였는가? 흐릿해 보였는가? 정확한 시력으로 볼 때 세부사항을 보기가 훨씬 쉽지 않은가? 안 보이시는 것이 없는 하나님의 완벽하신 눈으로 볼 때 우리에게 일어나는 모든 일은 의미를 갖게 된다!

2. 친구들, 특히 관계가 깨어진 친구를 생각해 보라. 지금도 생각할 때마다 아플 정도로 그 사람이 당신에게 상처를 주고 당신을 배반했는가? 주님께 당신의 마음을 부드럽게 녹여 주사 그 사람을 용서할 수 있게 해달라고 기도하라. 원한을 하나님께 내어드리며 당신의 상처를 치유해 달라고 기도하라. 그 친구를 위해 이름을 부르며 꾸준히 기도하고, 회복의 과정을 시작할 수 있는 계기로 삼으라.

11. 하늘에 잔치가 열릴 때
기뻐하는 마음

예수님의 마음을 찾는다

1. 예수님은 "파티"에 대해 알고 계신다!
   - 이 파티는 무엇인가? 당신은 이 파티에 들어갈 확신이 있는가? 어떻게 아는가?
   - 당신이 그 파티를 놓치지 않도록 하기 위해 하나님이 하신 일은 무엇인가? 어떤 상황들을 사용하셨는가? 동원된 사람들은 누구인가?
2. 예수님은 잃은 자를 찾으셨을 때 가장 기뻐하신다.
   - 당신이 어려서 예컨대 시장에서 길을 "잃어" 어머니나 아버지와 떨어졌던 때를 떠올려 보라. 혼자인 것을 알았을 때 기분이 어땠는가? 공포? 두려움?
   - 잃어버린 당신을 찾으면서 부모님이 어떤 생각을 하셨으리라 생각하는가? 당신을 찾았을 때 기쁨이 있었는가? 그렇다면, 그 상황을 자세히 얘기해 보라.
   - 이 사건을 죄인 하나가 회개하고 그리스도께 돌아올 때 느끼실 하나님의 심정에 견주어 보라.
3. "파티"에 이를 때 당신은 예수님처럼 될 것이다. 다른 사람들도 다 그렇게 될 것이다.
   - 예수님의 성품 중 당신이 가장 닮아 있기 원하는 부분은 무엇인가?
   - 예수님의 성품 중 당신이 다른 사람들에게서 가장 많이 보기 원하는 부분은 무엇인가?
   - 우리 모두 준비중인 지금 이 시점에서 당신은 어떻게 사람들을 사랑할 수 있는가?
4. 예수님은 우리가 지옥에서 구원받은 것을 기뻐하신다.
   - 당신이 지옥에 대해 아는 바를 묘사해 보라. 당신은 그곳이 실제로 존재하는 곳임을 믿는가? 그 이유는 무엇인가? 관련 성경구절을 몇 군데 찾아 읽어 보라.
   - 당신이 지금 천국으로 가고 있는 중이라는 사실을 당신은 얼마나 기뻐하며 사는

가? 지옥에 가지 않을 것을 인해 하나님께 감사드린 적이 있는가? 자세히 설명해 보라.

5. 당신도 세상에 대한 하나님의 영원한 시각을 가질 수 있다.

 —당신이 마음에 소중히 여기던 것들 중에 하나님의 영원한 시각으로 볼 때 시시한 것으로 변하고 마는 것은 무엇인가?

 —이런 시각이 당신의 사고를 더 지배하게 된다면 당신의 시간 사용은 어떻게 달라지겠는가?

 —이런 시각을 가질 때 사람들을 보는 눈은 어떻게 달라지는가?

예수님의 생각을 만난다

1. 시편은 위대한 찬양의 책이다. 1절과 2절을 유의하여 보면서 시편 96편을 읽으라.

 —"온 땅"이 노래한다는 말은 무슨 뜻일까? 왜 하필 노래일까?

 —당신은 자신의 구원을 인해 어떻게, 얼마나 자주 하나님을 찬양하고 있는가? 다른 사람들이 구원받은 사연을 들을 때 당신의 반응은 어떤가?

2. 누가복음 15장에 나오는 예수님의 세 비유를 읽으라.

 —잃어버린 양과 잃어버린 동전을 찾는 데 주인은 많은 시간과 노력을 쏟아 붓고 있다. 그것은 양과 동전의 가치가 주인에게 어떠했다는 것을 말해 주는가?

 —잃은 양과 동전을 찾은 기쁨의 자리에 이웃들과 친구들이 동원된다. 이들을 부른 이유는 무엇일까?

 —세번째 비유에 나오는 형은 탕자 동생을 위해 베풀어진 잔치에 분노를 느낀다. 동생이 그런 대우를 받을 자격이 없다고 생각한 것이다. 당신은 혹 어떤 사람은 "너무 악해" 구원받을 수 없으며 천국에서 열릴 "파티"에도 들여놓아서는 안되다고 생각될 때가 있는가? 자세히 설명해 보라. 하나님의 은혜가 아니라면 당신은 천국에 갈 자격이 있는가?

3. 누가복음 15:10은 한 사람이 하나님께 얼마나 소중한지 말해 주고 있다.

 —우리는 이 말씀에 힘입어 어떻게 자기 무가치감을 이길 수 있는가?

 —그리스도 안에 있는 구원을 다른 사람들에게 전하고 싶은 우리의 열망은 이 말씀

으로부터 어떤 영향을 입어야 할까? 당신도 그런 영향을 입고 있는가? 자세히 설명해 보라.

4. 마태복음 22:13에 의하면 지옥은 영영 벗어날 수 없이 "슬피 울며 이를 갊"이 있는 "바깥" 어두운 곳으로 되어 있다.

　─이것이 사실이라면 사람들이 그곳을 그토록 경시하며 말하는 이유는 무엇일까?

　─당신은 불신자들에게 지옥의 참상을 강조하는 것이 중요하다고 생각하는가? 자세히 설명해 보라.

5. 고린도후서 5:11-16은 그리스도의 놀라운 구원의 선물을 다른 사람들에게 전해야 할 절박한 필요에 대해 말해 주고 있다.

　─다른 사람들을 "파티"에 데려오는 것은 당신의 삶의 중요한 목표인가? 지금까지 당신을 통해 그리스도께 인도된 사람은 몇 명이나 되는가?

　─당신이 아는 사람들 중 지금 주님이 필요한 사람을 떠올려 보라. 이 사람을 그리스도께 인도하는 데 당신이 어떻게 사용될 수 있을까? 당신은 그들을 사랑하는 새로운 마음을 달라고 하나님께 기도하고 있는가? 그렇지 않다면, 그 이유는 무엇인가?

예수님의 손발이 된다

1. 성구사전이나 다른 참고자료를 사용하여 성경에 나타난 천국의 축복을 모두 찾아보라. 반대쪽에는 지옥의 모든 참상을 기록하라. 당신을 두번째 목록에서 구하여 내셔서 첫번째 목록으로 축복해 주신 하나님을 찬양하라.

2. 찬송가를 쭉 훑어보며 천국과 관련된 것들을 찾아보라. 당장 하나를 불러보라!

12. 끝까지 강하게
인내하는 마음

예수님의 마음을 찾는다

1. 올바른 것을 끝마치는 법을 배우라.

   —당신이 비본질적인 일에 소비하는 시간은 얼마나 되는가?

   —어떤 일이 비본질적인 것인지 당신은 어떻게 결정하는가?

2. 그리스도인의 경주를 끝까지 강하게 한다는 것은 불굴의 노력을 요하는 일이다.

   —당신이 처음 예수님을 믿을 때 그리스도인의 삶에 대해 기대했던 바와 그동안 실제로 경험한 내용은 서로 차이가 있는가? 있다면 자세히 설명해 보라.

   —당신은 그리스도인들이 구원 체험 이후의 삶을 때로 "너무 장밋빛으로" 묘사하는 경우가 있다고 생각하는가? 생각나는 예가 있으면 말해 보라.

   —주변 사람들이 보기에 당신은 어제보다 오늘 더 견고한 신자인가? 그 이유는 무엇인가?

   —그리스도인으로서 당신에게 가장 기쁨이 되는 일들은 무엇인가? 어려움이 되는 일들은 무엇인가?

3. 예수님은 앞에 놓인 상(賞)에 초점을 두심으로 온 세상의 부끄러움을 능히 견디실 수 있었다.

   —초점을 둔다는 것은 무슨 뜻인가? 당신은 어디에 얼마나 초점을 두고 사는가?

   —분명한 초점에 가장 흔히 방해가 되는 것들은 무엇인가? 그런 장애물을 어떻게 하면 좀더 효과적으로 극복할 수 있을까? 극복의 시도조차 막는 것은 무엇인가?

4. 예수님은 지평선 너머 그 앞에 놓인 식탁을 보시며 그 잔치에 초점을 두셨다.

   —당신이 지금 잔치를 연다면 식탁에 차릴 음식은 무엇인가? 손님들은 누가 될까?

   —"천국 잔치"는 어떨 것이라 생각하는가?

예수님의 생각을 만난다

1. 잠시 에베소서 1:15-23을 읽고 묵상해 보라.
   - 18절에서 바울은 우리의 마음(지성) 눈을 "밝히사"라고 기도하고 있다. 바울이 왜 그런 기도를 한다고 생각하는가? 당신의 눈앞에 쭉 있었는데도 당신이 여태껏 보지 못한 것들로는 어떤 것들이 있을까?
   - 당신이나 혹 주변의 가까운 사람이 물려받은 유산에 대해 말해 보라. 그리스도인의 기업(유산)이 될 "영광의 풍성"이 어떤 것일지 말해 보라.
   - 당신은 하나님의 "능력의 지극히 크심"을 얼마나 체험했는가? 체험 내용을 말해 보라. 앞으로 더 체험해야 할 능력이 얼마나 많이 남아 있을까?

2. 히브리서 12장에는 그리스도인의 경주에 대한 얘기가 나온다.
   - 히브리서 기자가 그리스도인의 삶을 산책이나 조깅이나 기타 다른 활동이 아니라 "경주"라 부른 이유는 무엇인가?
   - 당신의 경우 효과적인 경주를 방해하는 것들은 무엇인가? 당신은 혹 이미 포기한 사람을 알고 있는가? 있다면 그 사람이 포기한 이유는 무엇인가?
   - 어떻게 하면 계속해서 기쁨으로 끝을 내다볼 수 있을까? 어떻게 우리는 때로 시야에서 목표를 놓치고 마는가?
   - 당신은 왜 경주하고 있는가? 중단하거나 쉬거나 대충 편하게 가고 싶은 욕구를 어떻게 극복할 수 있는가?

3. 누가복음 4:1-13에는 예수께서 40일간 시험받으신 사건이 기록돼 있다.
   - 예수님은 시험기간 중 아무것도 먹지 않으셨으므로 당연히 몹시 배가 고프셨다. 당신의 경우 육체적으로 힘들 때 영적으로도 초점을 지키기가 더 어려운가? 자세히 설명해 보라. 힘든 부분을 보충하기 위해 어떻게 하는가?
   - 마귀가 공격하려 할 때마다 예수님은 성경을 정확히 사용하여 물리치신다. 그분의 모본은 당신의 개인적 싸움에 어떤 도움이 될 수 있는가? 어떤 전략을 도입할 수 있는가?
   - 마귀는 그리스도의 시선을 아버지로부터 떼어 그 사랑과 돌보심을 의심하게 하려 했다. 사탄은 어떻게 똑같은 수법을 우리에게도 사용하는가? 우리는 어떻게 반응할

수 있는가? 당신은 과거에 그런 공격에 어떻게 반응해 왔는가? 결과는 어땠는가?

4. 마태복음 25:14-30의 달란트 비유를 읽으라.

   ─당신에게 주신 "달란트"는 구체적으로 무엇인가? 있는 대로 찾아보라.

   ─당신은 다섯 달란트 받은 사람이 두 달란트나 한 달란트 받은 사람보다 책임이 더 크다고 생각하는가? 그 이유는 무엇인가? 만일 당신이 스스로 한 달란트 받은 자라고 생각한다면, 혹 당신은 "왜 하나님이 나한테는 다섯 달란트를 안 주셨나?" 생각할 때가 있는가? 당신은 지금 그 한 달란트를 어떻게 사용하고 있는가?

   ─한 달란트 받은 자는 주인이 어떤 사람인지도 알았고 주인이 돌아올 때 자기한테 기대하는 바가 무엇인지도 알면서 왜 자신의 본분에 소홀했다고 생각하는가? 우리도 그렇게 하고 있지는 않은가? 자세히 설명해 보라.

   ─많이 받은 자 둘과 가장 적게 받은 자에 대한 주인의 반응을 비교해 보라. 어느 쪽이 당신과 더 가깝다고 생각되는가? 그 이유는 무엇인가?

   ─그리스도인으로서 당신의 경주가 지금 이 순간 끝난다면 당신은 23절에 기록된 주님의 말씀을 들을 수 있으리라 생각하는가? 자세히 설명해 보라.

예수님의 손발이 된다

1. 당신이 건강한 사람이라면 직접 경주에 나서 보라. 목표를 정하고─예를 들어 골목 맨 끝에 있는 집까지─달리기 시작하라. 숨이 차도 계속 뛰라. 그만두고 싶어도 중단하면 안된다. 기어코 끝까지 달리라. 집에 돌아와 자신에게 상을 주라. 좋은 책 한 권을 들고 잠시 혼자만의 시간을 가지라. 그런 다음, 당신이 몸으로 뛴 실습과 우리가 지금까지 얘기해 온 경주 사이의 유사점을 찾아보라. 무엇을 배웠는가?

2. 당신을 에워싸고 있는 여러 가지 일들, 당신의 시간을 대부분 잡아먹는 일들을 모두 찾아보라. 누구에게 유익이 되는 일인가? 당신이 손을 떼면 어떤 결과가 오겠는가? 분류하여 가려내라. 당신의 목표 지향에 자극이 될 수 있는 일들만 남겨 두기로 결단하라.

주

1장. 예수님의 마음

1. 다음 책에 나오는 내용을 고쳐 쓴 것. Max Lucado, *A Gentle Thunder*(Dallas: Word Publishing, 1995), 46. (「하나님의 음성, 우리의 선택」 요단)

2. David Jeremiah audiotape: *The God of the Impossible*, TPR02.

2장. 꼼짝없이 매인 사람들 사랑하기

1. Max Lucado, Ph.D. of Etymological Contortionism, *Max's Manual of Medical Terms*(Nonsense, Tex.: One Page Publishing, 1998), vol.1, ch.1, p.1, sentense 1.

3장. 하나님의 손길

1. 가명.

4장. 하나님의 음악 듣기

1. 마태복음 11:15, 13:9, 13:43; 마가복음 4:9, 4:23, 8:18; 누가복음 8:8, 14:35; 요한계시록 2:7, 2:11, 2:17, 2:29, 3:6, 3:13, 3:22, 13:9.

2. 마가복음 4:1-20.

3. 요한계시록 2:7, 2:11, 2:17, 2:29, 3:6, 3:13, 3:22.

5장. 보이지 않는 손에 이끌려

1. Brother Lawrence and Frank Laubach, *Practicing His Presence*(Goleta, CA: Christian Books, 1973). Dr. Robert S. Laubach와 Gene Edwards의 친절한 허락을 받아 인용. (「하나님의 임재 체험하기」 생명의말씀사)

2. 같은 책.

3. 같은 책.

4. 같은 책.

5. Timothy Jones, *The Art of Prayer*(New York: Ballantine Books, 1997), 133에 인용된 글.

6. 같은 책, 140.

7. Charles R. Swindoll, *The Finishing Touch*(Dallas: Word Publishing, 1994), 292.

6장. 변화된 얼굴

1. Horatio G. Spafford, "It Is Well with My Soul." (찬송가 470장)

7장. 골프와 셀러리

1. John Maxwell, *Developing the Leader within You*(Nashville: Thomas Nelson, 1993), 29. (「당신 안에 잠재된 리더십을 키우라」두란노)

8장. 오직 진실만을

1. James Hassett, "But That Would Be Wrong," *Psychology Today*(November 1981), 34-41.

2. Paul Lee Tan, *Encyclopedia of 7700 Illustrations*(Rockville, Md.: Assurance Publishers, 1979), 562-63.

10장. 쓰레기더미에서 주운 금

1. Jim Morrison, "Slightly Rotted Gold," *American Way Magazine*(1 April 1992), 32-35.

2. William Barclay, *The Gospel of John*, vol. 2(Philadelphia: The Westminster Press, 1975), 222.

11장. 하늘에 잔치가 열릴 때

1. 찰스 스펄전의 설교, "두 세계의 교감." 다음 책에 인용된 것. John MacArthur, *The Glory of Heaven*(Wheaton, IL: Crossway Books, 1996), 246.

2. 같은 책, 118.

3. James Ryle, 미간행 원고. 허락을 받아 인용.

4. C. S. Lewis, *The Weight of Glory*(New York: Macmillan, 1949), 14-15.